B1/B2

MENSCHEN IM BERUF

TELEFON-TRAINING

Kursbuch mit Audios online

Deutsch als Fremdsprache

Axel Hering
Magdalena Matussek

Hueber Verlag

Dieser Band basiert auf
Geschäftskommunikation – Besser telefonieren
(ISBN 978–3–19–201587–8).

 Die Audios finden Sie in der *Hueber Media*-App für Smartphone
und Tablet sowie unter: www.hueber.de/menschen-im-beruf

4. 3. 2.   Die letzten Ziffern
2028 27 26 25 24 bezeichnen Zahl und Jahr des Druckes.

Alle Drucke dieser Auflage können, da unverändert,
nebeneinander benutzt werden.
1. Auflage
© 2022 Hueber Verlag GmbH & Co. KG, München, Deutschland
Umschlaggestaltung: Sieveking Agentur, München
Layout und Satz: Sieveking Agentur, München
Verlagsredaktion: Thomas Stark, Hueber Verlag, München
GPSR-Kontakt: Hueber Verlag GmbH & Co. KG, Baubergerstraße 30,
80992 München, kundenservice@hueber.de
Druck und Bindung: Westermann Druck Zwickau, Crimmitschauer Str. 43,
08058 Zwickau , westermann_druck@westermann.de
Printed in Germany
ISBN 978–3–19–251587–3

Inhaltsverzeichnis

Vorwort

Dieses Buch richtet sich an alle, die die deutsche Sprache beim Telefonieren am Arbeitsplatz benötigen. Durch die vielfältigen Beispiele verbessern Sie Ihre Kommunikationsfähigkeit an konkreten Situationen aus dem Berufsalltag. Ziel ist eine kompetente und effiziente Sprachpraxis am Telefon.

Sie trainieren Ihr Hörverstehen an praxisnahen Dialogen und Übungen. Ihre eigene Sprachpraxis üben Sie in Rollenspielen, wobei Formulierungshilfen und Textbausteine Sicherheit beim Sprechen geben. Es werden auch kulturbedingte Unterschiede beim Telefonieren – wie die richtige Anrede – thematisiert; so können Sie Missverständnisse vermeiden.

Die 15 Kapitel sind als thematische Einheiten aufeinander abgestimmt, müssen aber nicht in der vorgegebenen Reihenfolge durchgearbeitet werden. Im Sprachkurs kann die Kursleiterin / der Kursleiter die Abfolge der Kapitel dem Kursziel entsprechend auswählen; Selbstlernende können sich je nach Schwerpunkt ihr individuelles Trainingsprogramm zusammenstellen und ihre Lösungen mithilfe des Lösungsschlüssels am Ende des Buches überprüfen.

Wird das Buch im Unterricht eingesetzt, entspricht ein Kapitel einer bis zwei Unterrichtseinheiten auf dem Niveau B1–B2.

Dieses Buch gehört zu einer Reihe von Trainern für Fertigkeiten, die im Alltag der meisten Berufe eine wichtige Rolle spielen: *Bewerbungstraining, Schreibtraining, Training Besprechen und Präsentieren.* Mit diesem Band trainieren Sie systematisch und aktiv die kommunikativen Fähigkeiten Hören und Sprechen.

Alle Audios sind auch abrufbar über eine App für Smartphone und Tablet sowie unter: www.hueber.de/menschen-im-beruf.

Die Transkriptionen befinden sich im Anhang.

Sich vorstellen – E-Mail-Adressen

A1 Beantworten Sie folgende Fragen.

1 Wie oft telefonieren Sie auf Deutsch?
2 Mit wem telefonieren Sie auf Deutsch?
3 Was ist für Sie am schwierigsten, wenn Sie ein Telefongespräch auf Deutsch führen?
   Kreuzen Sie an.
   ○ Der Gesprächspartner spricht zu schnell.
   ○ Der Gesprächspartner spricht Dialekt.
   ○ Der Gesprächspartner verwendet oft Wörter, die Sie nicht verstehen.
   ○ Sie sind sich oft nicht sicher, ob Sie Ihren Gesprächspartner richtig verstanden haben.

   Andere Probleme: _____

A2 Besprechen Sie Ihre Antworten mit Ihrem Lernpartner / Ihrer Lernpartnerin
und berichten Sie im Kurs.

Bereiten Sie Ihre Telefonate gut vor

Sie sparen sich viel Zeit und Mühe, wenn Sie Ihre Telefongespräche gut vorbereiten. Orientieren Sie sich dabei an folgenden Punkten.

Gesprächspunkte:
- Wen will ich sprechen?
- Name der Abteilung
- Name des Gesprächspartners
- Welche Punkte wollen Sie besprechen?
- Wo kann es vielleicht Fragen oder Probleme geben?
- Welche Argumente haben Sie?
- Welche Argumente könnte Ihr Gesprächspartner haben?

Wichtige Wörter:
- Notieren Sie die wichtigsten Wörter, die Sie brauchen.
- Notieren Sie auch die Wörter, die Ihr Gesprächspartner vermutlich gebraucht.

Falls sich der Anrufbeantworter meldet:
- Überlegen Sie, welche Nachricht Sie auf dem Anrufbeantworter hinterlassen, falls Sie Ihren Gesprächspartner nicht erreichen.
- Wann sind Sie für einen Rückruf am besten erreichbar? Legen Sie sich die Unterlagen bereit, die Sie bei dem Telefonat brauchen.

Das können Sie sagen, wenn ...

Sie jemanden anrufen
Guten Tag. Firma Erretre, mein Name ist Fabio Bonato.
Guten Tag. Mein Name ist Bonato von der Firma Erretre aus Mailand.
Firma Erretre, Fabio Bonato, guten Tag.
Guten Tag. Mein Name ist Bonato.
Guten Tag, Herr Assmann. Mein Name ist Fabio Bonato aus Mailand.

Sie angerufen werden
Modeverband Deutschland, guten Tag. Wie kann ich Ihnen helfen?
Modeverband Deutschland, Marketingabteilung, Assmann.
Modeverband Deutschland, Sie sprechen mit Klaus Assmann. Guten Tag.
Assmann, Marketing, am Apparat.
Klaus Assmann, Marketing.

▶1 **B1** **Lesen Sie die Einführung. Hören Sie dann das Telefongespräch und kreuzen Sie an.**

Die italienische Firma Erretre in Mailand macht Modedesign. Auf der letzten Sitzung hat die Geschäftsleitung
beschlossen, Kontakte zu Firmen in Deutschland auf-
zunehmen, um auch auf dem deutschen Markt präsent
zu sein. Der Marketingassistent der Firma, Fabio Bonato,
hat den Auftrag übernommen, sich um die Adressen
der Ansprechpartner zu kümmern.

	richtig	falsch
1 Die Firma Erretre sucht Kontakt zu Firmen in ganz Deutschland.	○	○
2 Herr Bonato wird gleich mit dem richtigen Gesprächspartner verbunden.	○	○
3 Die Firma Erretre macht Modedesign besonders für die Gegend um Düsseldorf.	○	○
4 Herr Assmann empfiehlt, über lokale Organisationen mit mittleren und kleinen Firmen Kontakt aufzunehmen.	○	○
5 Die Firma Erretre sucht hauptsächlich zu großen Unternehmen Kontakt.	○	○

▶1 **B2** **Hören Sie das Gespräch noch einmal und notieren Sie.**

1 Institution, bei der Herr Bonato anruft _____

2 Anliegen von Herrn Bonato _____

3 Welche beiden Vorschläge macht Herr Assmann?

a *Direkte Kontaktaufnahme mit den Firmen.* _____

b _____

4 Vorteile von Vertretungen

a _____

b _____

c _____

5 E-Mail-Adresse _____

B3 **Wie nennt man diese Symbole auf Deutsch? Ordnen Sie zu.**

Punkt • at • Schrägstrich / Slash • Doppelpunkt • minus • Anhang / Attachment •
Backslash (umgekehrter Schrägstrich) • Unterstrich

1 @ _____   5 : _____

2 _ _____   6 / _____

3 – _____   7 \ _____

4 . _____   8 𝒰 _____

B4 Lesen bzw. schreiben und lesen Sie die E-Mail- und Website-Adressen.

1 klaus.nusser@globus-reise.de

2 liping.xu@ship-boat.com

3 a.livshina@tecnova.ru

4 www.hotel-pazific-hamburg.de

5 Ihre E-Mail-Adresse _____

6 Die Website-Adresse Ihrer Firma _____

klaus Punkt nusser at globus minus reise Punkt de

Bitte merken Sie
sich die Formulierung:
Haben Sie etwas
zum Schreiben?

C1 Spielen Sie folgendes Telefonat mit Ihrer Lernpartnerin / Ihrem Lernpartner.

Rolle 1

Sie sind:	der Chef der Gitarrenbaufirma Gitarissimo aus Padua in Italien.
Sie wollen:	Ihre Gitarren (Konzert- und Westerngitarren) auch in Deutschland verkaufen. Dazu brauchen Sie Kontakte zu Gitarrenvertrieben in Deutschland. Lassen Sie sich eine Liste der Kontaktpartner schicken und geben Sie dazu Ihre E-Mail-Adresse an.
Sie rufen an bei:	der Deutsch-Italienischen Handelskammer.

Rolle 2

Sie sind:	ein Mitarbeiter der Deutsch-Italienischen Handelskammer.
Sie bekommen:	einen Anruf von einer Gitarrenbaufirma aus Italien, die Kontakte zu deutschen Musikinstrumente-Vertrieben sucht. Machen Sie den Anrufer auf die verschiedenen Möglichkeiten der Kontaktaufnahme aufmerksam. Bieten Sie an, die Adressen als Anhang per E-Mail zu verschicken.

Nach Namen fragen – Buchstabieralphabet

A1 Was macht ein Telefongespräch – besonders in einer Fremdsprache – erfolgreich?
Kreuzen Sie an.

	ja	vielleicht	nein
1 Möglichst einfach und präzise formulieren.	○	○	○
2 Unter Zeitdruck telefonieren, dann ist man besonders effektiv.	○	○	○
3 Aktiv zuhören *(Aha. / Ja. / Interessant. / Wirklich? / ...)*	○	○	○
4 Wichtige Informationen mehrmals wiederholen.	○	○	○
5 Das Telefonat gut vorbereiten.	○	○	○
6 Am Anfang mit dem Gesprächspartner lange und ausführlich über private Dinge sprechen.	○	○	○
7 Immer daran denken, dass das Telefongespräch viel Geld kostet.	○	○	○
8 Deutlich sprechen.	○	○	○
9 Beim Sprechen am Telefon lächeln, dadurch klingt die Stimme freundlicher.	○	○	○
10 Nachfragen, wenn man etwas nicht verstanden hat.	○	○	○

A2 Vergleichen Sie Ihre Antworten mit Ihrer Lernpartnerin / Ihrem Lernpartner
und diskutieren Sie dann die Ergebnisse im Kurs.

Das können Sie sagen, wenn ...

Sie nach einem Namen fragen
Könnten Sie mir bitte den Namen der zuständigen Dame /
des zuständigen Herren geben?
Könnten Sie mir bitte den Namen des zuständigen Sachbearbeiters geben?
Würden Sie mir bitte den Namen der Dame /des Herrn geben?
Wer ist denn da bei Ihnen zuständig?

Sie um die Wiederholung des Namens bitten
Entschuldigen Sie, könnten Sie den Namen bitte wiederholen?
Verzeihung, ich habe den Namen leider nicht verstanden. Könnten Sie ihn bitte wiederholen?
Könnten Sie / Würden Sie den Namen bitte noch einmal sagen?
Könnten Sie / Würden Sie den Namen bitte buchstabieren?

Im Deutschen verwendet man in diesem
Kontext nie den Ausdruck „Person".

▶ 2 **B1** **Lesen Sie die Einführung. Hören Sie dann**
das Telefongespräch und kreuzen Sie an.

Frau Bovary von der Firma Paul Dubœuf aus
Frankreich ruft in Nürnberg an, da sie so schnell wie
möglich ein Angebot von der Firma Müssig braucht.
Sie notiert sich ihre Fragen auf Deutsch und holt
das deutsche Buchstabieralphabet aus der Schublade.

	richtig	falsch
1 Die Firma Dubœuf produziert Wein.	○	○
2 Frau Bovary möchte eine Anzeige in der Zeitschrift „Gourmet" aufgeben.	○	○
3 Die Firma Müssig stellt Flaschenöffner her.	○	○
4 Die Firma Dubœuf möchte das Geschenk ihren Großkunden machen.	○	○
5 Die Firma Müssig hat ein spezielles Angebot für Kunden, die eine hohe Stückzahl abnehmen.	○	○
6 Frau Kampe von der Firma Müssig schickt den Katalog so schnell wie möglich raus.	○	○

▶ 2 **B2** **Hören Sie das Gespräch noch einmal und beantworten Sie folgende Fragen.**

1 Was ist der Preis eines Korkenziehers, wenn man nur einen kauft? _____

2 Was kostet ein Korkenzieher bei der Abnahme von 200 Stück? _____

3 Was kostet ein Korkenzieher, wenn der Kunde 300 Stück bestellt? _____

4 Notieren Sie Namen und Adresse der Firma aus Frankreich. _____

_____

Deutsches Buchstabieralphabet			Internationales Buchstabieralphabet		
A	=	Anton	A	=	Amsterdam
Ä	=	Ärger	B	=	Baltimore
B	=	Berta	C	=	Casablanca
C	=	Cäsar	D	=	Denmark
D	=	Dora	E	=	Edison
E	=	Emil	F	=	Florida
F	=	Friedrich	G	=	Gallipoli
G	=	Gustav	H	=	Havana
H	=	Heinrich	I	=	Italy
I	=	Ida	J	=	Jerusalem
J	=	Julius	K	=	Kilogram
K	=	Kaufmann	L	=	Liverpool
L	=	Ludwig	M	=	Madagascar
M	=	Martha	N	=	New York
N	=	Nordpol	O	=	Oslo
O	=	Otto	P	=	Paris
Ö	=	Ökonom	Q	=	Quebec
P	=	Paula	R	=	Roma
Q	=	Quelle	S	=	Santiago
R	=	Richard	T	=	Tripoli
S	=	Samuel	U	=	Upsala
T	=	Theodor	V	=	Valencia
U	=	Ulrich	W	=	Washington
Ü	=	Übermut	X	=	Xanthippe
V	=	Viktor	Y	=	Yokohama
W	=	Wilhelm	Z	=	Zürich
X	=	Xanthippe			
Y	=	Ypsilon			
Z	=	Zacharias			
ß sprechen Sie so aus: Eszett					

B3 a Buchstabieren Sie Namen und Adresse Ihrer Firma nach dem deutschen Buchstabieralphabet für Ihre Lernpartnerin / Ihren Lernpartner. Schreiben Sie den Namen und die
Adresse auf, die Ihr/e Lernpartner/in Ihnen buchstabiert.

b Buchstabieren Sie – abwechselnd mit Ihrer Lernpartnerin / Ihrem Lernpartner –
die Namen unten nach dem internationalen Buchstabieralphabet. Schreiben Sie
die Namen auf, die Ihr/e Lernpartner/in Ihnen buchstabiert. Jeder von Ihnen kann
fünf Namen buchstabieren.

Hermann Deindl • Ingeborg Forstmayer • Sandra Grübeler • Marko Iveco • Ilona Jabiner •
Heiner Murdock • Bernd Rauchwald • Christos Xilouris • Karin Yilmaz • Susanne Zawada

B4 Hören Sie den Anfang des Telefonats noch einmal und ergänzen Sie die Sätze.

1 Firma Müssig & Co., Sie sprechen mit Frau Franke. _____?

2 Guten Tag, _____ Bovary, vom Weinhaus Dubœuf in Beaune, in Frankreich.

3 _____.

4 Wir interessieren uns für Ihre Korkenzieher. Könnten Sie mich bitte mit der zuständigen

   _____ verbinden?

5 _____ – das ist die Bestellannahme, Frau Kampe.

6 _____, könnten Sie den Namen noch einmal wiederholen?

B5 Was ist die richtige Abkürzung für *Mehrwertsteuer*? Zwei Antworten sind richtig.

○ MwSt.   ○ MWST.   ○ Mwst.   ○ Mw.-St.

C1 Spielen Sie folgendes Telefonat mit Ihrer Lernpartnerin / Ihrem Lernpartner.

Rolle 1

Sie sind:	Restaurant Pravda Misenska 15 11001 Praha Tschechische Republik Tel.: 00 420 36 00 24 78 info@pravda.cz
Sie wollen:	ein Angebot über den Ziegenfrischkäse der Firma Ost-Milch einholen, von dem Sie kürzlich in der Zeitschrift Gourmet gelesen haben. Sie brauchen den Käse für Ihre Vorspeise „Warmer Ziegenkäse auf Salatbett mit Honigdressing". Fragen Sie nach den Preisen und den Lieferfristen.
Sie rufen an bei:	Ost-Milch GmbH Uferstr. 15 02826 Görlitz Tel.: 00 49 (0)3581 47634

Rolle 2

Sie sind:	Ost-Milch GmbH Uferstr. 15 02826 Görlitz Tel.: 00 49 (0)3581 47634
Sie bekommen:	einen Anruf des Restaurants Pravda in Prag. Sie haben gerade ein Sonderangebot für Kunden, die pro Woche 50 Stück Ihres Ziegenfrischkäses abnehmen (ein 150-Gramm-Stück kostet EUR 3,20 plus MwSt.). Fragen Sie, ob dieses Angebot für den Anrufer von Interesse ist und schicken Sie ihm ein Angebot zu. Fragen Sie nach der E-Mail-Adresse.

Sich verbinden lassen – Telefonnummern

A1 Welche Formulierungen sind formell, welche sind weniger formell?
Kreuzen Sie an.

	formell	weniger formell
1 Würden Sie mich bitte mit der Buchhaltung verbinden?	○	○
2 Könnte ich bitte Herrn Assmann sprechen?	○	○
3 Guten Tag, Frau Steiner, wie geht's? Ich müsste dringend mit Frau Breme sprechen, ist das möglich?	○	○
4 Tina, ist Claudia zu sprechen?	○	○
5 Moment bitte, ich verbinde Sie.	○	○
6 Einen Augenblick, Sven, ich versuche es mal.	○	○
7 Tut mir leid, Herr Assmann spricht gerade. Kann er Sie zurückrufen?	○	○
8 Herr Heller ist gerade in einer Besprechung. Möchten Sie eine Nachricht hinterlassen?	○	○
9 Tut mir leid, Frau Eschmann ist heute außer Haus. Kann sie Sie morgen Vormittag zurückrufen?	○	○
10 Worum geht es denn, Sven? Ich glaube, Claudia ist in einer Besprechung.	○	○

Das können Sie sagen, wenn ...

Sie verbunden werden wollen

Könnten / Würden Sie mich bitte mit der Buchhaltung verbinden?
Könnte ich bitte Frau / Herrn ... sprechen?
Wäre es möglich, mit Frau / Herrn ... zu sprechen?
Ich hätte gern Frau / Herrn ... gesprochen.
Ich müsste dringend mit Frau / Herrn ... sprechen, ist das möglich?
Ist Frau / Herr ... zu sprechen?

Sie jemanden weitervermitteln

Moment bitte, ich verbinde (Sie).
Einen Moment bitte, ich stelle das Gespräch durch.
Einen Augenblick, ich verbinde Sie weiter.
Moment bitte, ich versuche es.

der gewünschte Gesprächspartner nicht zu sprechen ist

Tut mir leid, Frau / Herr ... spricht gerade. Möchten Sie es später noch einmal versuchen?
Ihre / Seine Durchwahl / Nebenstelle ist ...
Frau / Herr ... ist gerade in einer Besprechung. Möchten Sie eine Nachricht hinterlassen?
Tut mir leid, Frau / Herr ... ist heute außer Haus. Kann sie / er Sie zurückrufen?

▶ 3 **B1** **Lesen Sie die Einführung. Hören Sie dann den Anfang des Gesprächs und ergänzen Sie den Text.**

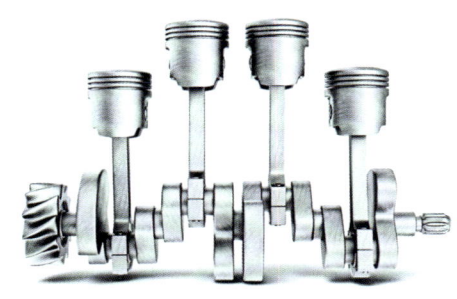

Herr Rowe von der Lester AG in der Schweiz hat ein Angebot der Firma Thompson über Kolben und Leichtmetallzylinder bekommen. Bevor er endgültig bestellen kann, muss er noch einen Punkt klären.

1 Thompson Motorkomponenten, Cornelius, guten Tag.

2 Guten Tag, mein Name ist Rowe, Lester AG in Rorbas.

  Ich _____ Herrn Heller _____.

3 Tut mir leid, Herr Heller ist gerade in einer _____.

  Kann ich Ihnen vielleicht _____?

4 Ja, also _____ ein Angebot von Ihnen.

▶ 4 **B2** **Hören Sie das ganze Gespräch und bringen Sie die Sätze in die richtige Reihenfolge.**

_____ A Frau Cornelius bietet an, dass Herr Heller zurückruft.

_____ B Herr Rowe möchte, dass die Firma Thompson nicht erst in vier Wochen liefert.

_____ C Herr Rowe gibt Frau Cornelius seinen Namen und seine Telefonnummer.

_____ D Herr Heller ist in einer Besprechung.

_1_ E Der Liefertermin hängt auch davon ab, wie viel sie noch auf Lager hat.

1 F Herr Rowe möchte mit Herrn Heller sprechen.

_____ G Herr Rowe ist bis 18 Uhr erreichbar.

▶ 4 **B3**   Hören Sie das Gespräch noch einmal und notieren Sie.

1 Die Vorwahl für die Schweiz: _____

2 Die Nummer der Firma: _____

3 Die Durchwahl von Herrn Rowe: _____

	Vorwohl (international)	Kennzahl (Land)	Vorwahl (Stadt)	Rufnummer
Sie schreiben:	00	49 (Deutschland)	(0)*40 (Hamburg)	201365 20 13 65
Sie sagen:	einzelne Ziffern			einzelne Ziffern und / oder Ziffernpaare
	null null	vier neun	(null) vier null	zwei / zwo** null eins drei sechs fünf zwanzig dreizehn fünfundsechzig

* ( ) – Dazu sagt man: *in Klammern*

** Am Telefon sagt man manchmal *zwo* statt *zwei*, um Verwechslungen mit *drei* zu verhindern
   (so auch *Juno* statt *Juni*, *Julei* statt *Juli*).

Bei drei Ziffern kann man z.B. *eins–sechs–eins* oder *einhunderteinundsechzig* sagen.

▶ 5 **B4**   Hören und notieren Sie die Telefonnummern.

1 _____

2 _____

3 _____

4 _____

5 _____

B5   Diktieren Sie – abwechselnd mit Ihrer Lernpartnerin / Ihrem Lernpartner –
die Telefonnummern unten. Schreiben Sie die Telefonnummern auf, die Ihr/e
Lernpartner/in Ihnen diktiert. Jeder von Ihnen kann vier Nummern diktieren.

00 30 3 9922-352 (Griechenland) • 00 49 (0) 511 84275-30 (Deutschland) •
00 41 6103 357685-17 (Schweiz) • 00 386 711 36473-13 (Slowenien) •
00 43 (0)732 698632-15 (Österreich) • 00 86 12 456 723 56-12 (China) •
00 48 171 16213343 (Polen) • 00 371 428809-11 (Lettland)

Bitte achten Sie auf folgende Unterschiede:

jemanden anrufen:	*Ich rufe Sie morgen wieder an.*
mit jemandem telefonieren:	*Frau Steinbrück telefoniert gerade mit einem Kunden.*
jemanden zurückrufen:	*Er ruft Sie so bald wie möglich zurück.*

C1 **Spielen Sie folgendes Telefonat mit Ihrer Lernpartnerin / Ihrem Lernpartner.**

Rolle 1

Sie sind:	Herr Heller von der Firma Thompson Motorkomponenten in Aachen.
Sie wollen:	Herrn Rowe sprechen, der Sie um einen Rückruf gebeten hat, um mit Ihnen über die Lieferfrist zu sprechen. Sie können ihm die Lieferung in zwei Wochen anbieten.
Sie rufen an bei:	Lester AG, Schweiz, Abteilung Einkauf.

Rolle 2

Sie sind:	die Assistentin von Herrn Rowe, Lester AG, Schweiz
Sie bekommen:	einen Anruf von Herrn Heller von der Firma Thompson. Herr Rowe ist im Moment außer Haus, er hat Sie aber darüber informiert, dass Herr Heller anrufen wird. Fragen Sie, worum es geht, und geben Sie Herrn Heller die Mobil-Nummer von Herrn Rowe (00 41 165 237 890 54).

Small Talk

A1 Small Talk am Telefon. Über welche Themen sprechen Sie? Kreuzen Sie an.

	oft	manchmal	nie
das Wetter	○	○	○
die Arbeit	○	○	○
die Familie	○	○	○
das letzte Wochenende	○	○	○
den letzten Ur.aub	○	○	○
Fußball	○	○	○
den neuesten Kinofilm	○	○	○
_____	○	○	○

A2 Vergleichen Sie Ihre Antworten mit denen Ihrer Lernpartnerin / Ihres Lernpartners und berichten Sie im Kurs.

In Deutschland ist Small Talk üblich, wenn man den Gesprächspartner kennt und schon öfters mit ihm Kontakt hatte. Diese Vorlaufphase ist am Telefon meistens relativ kurz. Wenn man das Thema wechseln will und zum Grund des Anrufs kommen möchte, verwendet man oft das Wort *eigentlich* (siehe unten).

Das können Sie sagen, wenn ...

Sie Small Talk machen möchten
Wie geht es Ihnen?
Haben Sie viel zu tun?
Ist das Wetter bei Ihnen auch so schön / so schlecht wie hier?
Hatten Sie ein schönes Wochenende? (montags)
Wie war Ihr Urlaub?
Wann ist denn Ihr nächster Urlaub?

Sie zum Grund des Anrufs überleiten wollen
Frau Funke, weshalb ich eigentlich anrufe, ...
Herr Wolf, der (eigentliche) Grund, aus dem / warum ich anrufe, ist ...
Tina, ich wollte eigentlich fragen, ob ...

Sie den Grund des Anrufs nennen wollen
Es geht um ...
Ich rufe wegen ... an.
Ich rufe aus folgendem Grund an: ...
Ich bräuchte bitte folgende Information: ...

▶ 6 **B1** **Lesen Sie die Einführung und die folgenden Sätze.**
Hören Sie dann das Gespräch und kreuzen Sie an.

Das chemische Labor Explo hat einen Werbebrief der
Laborgerätebörse bekommen, allerdings fehlt die
Preisliste. Explo hat schon gute Erfahrungen mit den
Analysegeräten der Laborgerätebörse gemacht.
Herr Stahl, der Einkaufsmanager, will sich bei der
Laborgerätebörse über die neuesten Preise informieren.

	richtig	falsch
1 Herr Stahl und Frau Brummer kennen sich ziemlich gut.	○	○
2 Herr Stahl hat im Moment sehr viel Arbeit.	○	○
3 Frau Brummer hat ab morgen zwei Wochen Urlaub.	○	○
4 Frau Brummer macht in der Nebensaison Urlaub.	○	○
5 Sie hat im Radio gehört, dass es in Spanien so um die 25 Grad warm ist.	○	○
6 Die Versandabteilung hat vergessen, die Preisliste mitzuschicken.	○	○
7 Herr Stahl braucht die Preislisten, weil seine Firma ein bestimmtes Gerät bestellen möchte.	○	○
8 Frau Brummer hat ab übermorgen eine Urlaubsvertretung.	○	○

B2 Hören Sie das Gespräch noch einmal. Woran merkt man, dass sich Frau Brummer und Herr Stahl ziemlich gut kennen? Notieren Sie.

1 Begrüßung: _____

_____

_____

2 Unterhaltung: _____

_____

_____

3 Verabschiedung: _____

_____

_____

B3 Setzen Sie die Wörter ein.

weiß • Bescheid • Quartalsende • Vertretung

1 Guten Tag, Frau Neumann, wie geht es Ihnen? – Danke, gut. Aber wir haben

viel Stress im Moment, es ist ja _____, wissen Sie.

2 Wenn ich im Urlaub bin, ist Frau Kröger meine _____.

Sie _____ dann über alles _____.

B4 Verbinden Sie.

1 Wie geht es Ihnen?
2 Wie ist denn das Wetter bei Ihnen in Hamburg?
3 Haben Sie im Moment viel zu tun?
4 Hatten Sie ein schönes Wochenende?
5 Wie war es denn in Ihrem Urlaub?

a Leider ja. Sie wissen ja, vor der Messe ist es immer hektisch.
b Wunderbar! Ich war total erholt – leider ist davon nicht mehr so viel übrig.
c Danke, gut. Und Ihnen?
d Es ist kaum zu glauben, aber heute scheint die Sonne.
e Na ja, es gab viel zu tun. Wir ziehen nämlich gerade um und ich habe den ganzen Sonntag die Küche eingeräumt.

B5 Was bedeuten die Sätze? Kreuzen Sie die richtigen Antworten an.

1 *Da geht's bei uns rund.*
   a ○ Da haben wir sehr viel Arbeit.
   b ○ Da gibt der Chef eine Runde Bier aus.
   c ○ Da kommen Geschäftspartner zu einer Gesprächsrunde zusammen.

2 *Alles im grünen Bereich?*
   a ○ Seien Sie vorsichtig!
   b ○ Alles ist o.k. Es passiert nichts Außergewöhnliches.
   c ○ Alles befindet sich in den Grünanlagen.

Umgangssprachliche Ausdrücke sollten Sie verstehen. Seien Sie aber vorsichtig mit dem aktiven Verwenden solcher Ausdrücke. Das kann leicht etwas unnatürlich wirken.

C1 Spielen Sie folgendes Telefonat mit Ihrer Lernpartnerin / Ihrem Lernpartner.
Tauschen Sie anschließend die Rollen. Verwenden Sie die Redemittel von Seite 19.

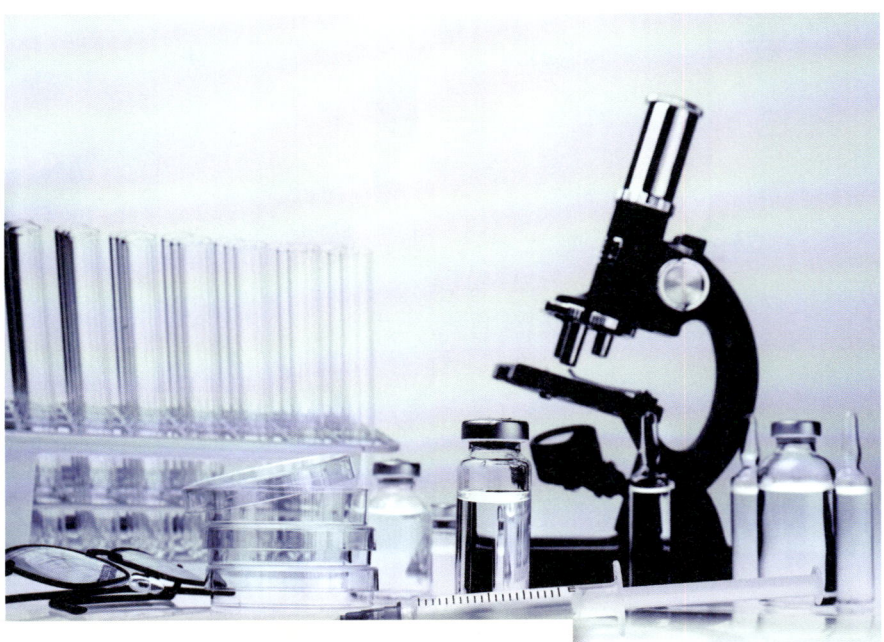

Rolle 1

Sie sind:	Frau Brummer von der Laborgerätebörse. Sie sind gerade aus Ihrem Urlaub in Spanien zurückgekommen.
Sie wollen:	bei der Firma Explo (Herrn Stahl) anrufen und fragen, ob dort die Preislisten angekommen sind, die Sie vor Ihrem Urlaub per E-Mail geschickt haben, denn bisher haben Sie keine Bestätigung der Firma Explo bekommen. Machen Sie etwas Small Talk mit Herrn Stahl und erklären Sie den Grund Ihres Anrufs.

Rolle 2

Sie sind:	Herr Stahl von der Firma Explo.
Sie bekommen:	einen Anruf von Frau Brummer von der Laborgerätebörse. Machen Sie etwas Small Talk und erklären Sie dann, dass Sie immer noch keine Preisliste bekommen haben und deshalb nicht bestellen konnten. Da aber so viel zu tun war, ist die Sache liegen geblieben. Vielleicht war ein Fehler in der E-Mail-Adresse. Geben Sie sie noch einmal an (markus.stahl@explo.com).

Zum Sprechen auffordern – Unterbrechen

A1 Sie möchten am Telefon jemanden unterbrechen.
Welche Formulierungen sind höflich, welche sind unhöflich?
Kreuzen Sie an.

	eher höflich	eher unhöflich
1 Dürfte ich Sie kurz unterbrechen?	○	○
2 Jetzt machen Sie mal eine Pause!	○	○
3 Entschuldigung, aber ...	○	○
4 Moment mal!	○	○
5 Natürlich, aber ...	○	○
6 Darf ich da mal kurz einhaken?	○	○
7 Entschuldigung, dazu hätte ich eine Frage.	○	○
8 Stopp!	○	○

A2 Vergleichen Sie Ihre Antworten mit denen Ihrer Lernpartnerin / Ihres Lernpartners
und berichten Sie im Kurs.

Die Kommunikation am Telefon ist manchmal deshalb schwierig, weil man nicht genau weiß, wann man selbst sprechen soll und wann der Gesprächspartner sprechen möchte.
Hier ein paar Tipps:

- Wenn Sie Ihren Gesprächspartner zum Sprechen auffordern wollen, stellen Sie Fragen wie: *Passt Ihnen das? Sie haben die Liste doch bekommen, oder?*
- Schweigen Sie nicht am Telefon, denn das ist für Ihren Gesprächspartner unangenehm.
- Unterbrechen Sie Ihren Gesprächspartner höflich, wenn Sie etwas sagen wollen, aber nicht zu Wort kommen.

Das können Sie sagen, wenn ...

Sie Ihren Gesprächspartner zum Sprechen auffordern wollen
Was halten Sie davon?
Passt Ihnen das?
Ist das o.k. (für Sie)?
Sind Sie damit einverstanden?

Ihr Gesprächspartner reagieren soll
Sie sind morgen telefonisch zu erreichen, **oder**?
Sie sind mit dem Termin einverstanden, **oder**?
Sie haben die Preisliste bekommen, **oder**?

Sie jemanden höflich unterbrechen wollen
Dürfte ich Sie kurz unterbrechen?
Könnte ich kurz etwas sagen?
Entschuldigen Sie / Entschuldigung, aber ...
Natürlich / Ja, aber ...
Richtig, aber ...

▶ 7 **B1** **a Lesen Sie die Einführung und die folgenden Sätze. Hören Sie dann das Gespräch und kreuzen Sie an.**

Die Firma Speckner produziert Fleischwaren. In einer Strategiesitzung beschließt die Verkaufsabteilung, potenzielle Großkunden durch eine intensive Telefonaktion zu gewinnen. Die Marketingassistentin, Frau Lochner, spricht mit dem stellvertretenden Leiter des Seniorenheims Theatinum, Herrn Andergast.

	ja	nein
1 Können Großkunden bei der Firma Speckner im Moment besonders billig einkaufen?	○	○
2 Verkauft die Firma Speckner ihre Produkte auch an andere Seniorenheime?	○	○
3 Findet Herr Andergast die Preise der Firma Speckner zu hoch?	○	○
4 Essen die Bewohner des Seniorenheims Theatinum viel Fleisch?	○	○

b Was glauben Sie: Freut sich Herr Andergast auf das Telefonat nächste Woche?

c Verhält sich Frau Lochner Ihrer Meinung nach in diesem Gespräch geschickt?

▶ 7 **B2** **Hören Sie das Telefonat noch einmal und ergänzen Sie die fehlenden Informationen.**

1 Zuständigkeitsbereich von Herrn Andergast: _____

2 Die Liste, die Frau Lochner zugeschickt hat: _____

3 Die Preise der Firma Speckner: _____

4 Der Grund, warum die Heimbewohner ihre Essgewohnheiten geändert haben: _____

_____

_____

5 Das Angebot von Frau Lochner: _____

B3 **Diskutieren Sie das Gesprächsverhalten von Frau Lochner und Herrn Andergast. Was finden Sie gut? Was hätte sie / er besser machen können?**

B4 **Setzen Sie die Wörter in den Text ein.**

Aktionspreisen • Hersteller • Sonderaktion • Großkunden • Konditionen

Wir sind einer der führenden _____ von Fleischkonserven. Im Rahmen unserer

_____ bieten wir _____ wie Ihnen zurzeit besonders günstige

_____. Deshalb schicken wir Ihnen heute unsere Liste mit unseren

_____ zu.

B5 **Was bedeuten die Sätze? Kreuzen Sie die richtigen Antworten an.**

1 Darauf haben wir besonderen Wert gelegt.
 a ○ Das hat viel Geld gekostet.
 b ○ Das war uns sehr wichtig.
 c ○ Das ist besonders nützlich gewesen.

2 Das lasse ich Ihnen unverbindlich zuschicken.
 a ○ Sie gehen damit keine Verpflichtung ein.
 b ○ Es kommt keine Verbindung zustande.
 c ○ Ich bleibe sehr höflich und distanziert.

3 Sind Sie noch dran?
 a ○ Haben Sie noch eine Frage?
 b ○ Wer ist jetzt an der Reihe?
 c ○ Sind Sie noch am Apparat?

C1 Spielen Sie folgendes Telefonat mit Ihrer Lernpartnerin / Ihrem Lernpartner. Tauschen Sie anschließend die Rollen. Verwenden Sie die Redemittel von Seite 23.

Rolle 1

Sie sind:	Frau Lochner von der Firma Speckner.
Sie wollen:	beim Seniorenheim Theatinum anrufen und sich erkundigen, wie den Heimbewohnern das Fleisch (100 Dosen Truthahnfleisch) geschmeckt hat und ob Herr Andergast nun etwas bei Ihnen bestellen will. Ihr Exklusivangebot ist: Ab 500 Portionen pro Monat geben Sie 5 Prozent Rabatt. Finden Sie Argumente dafür, warum gerade Senioren häufig Truthahnfleisch essen sollten, und weisen Sie auf die vielfältigen Zubereitungsmöglichkeiten hin. Da Sie ein ungutes Gefühl nach Ihrem letzten Telefonat mit Herrn Andergast hatten, sind Sie diesmal sehr freundlich und fordern Ihren Gesprächspartner auf, zu Ihren Vorschlägen Stellung zu nehmen. Einigen Sie sich mit Herrn Andergast.

Rolle 2

Sie sind:	Herr Andergast, stellvertretender Leiter vom Seniorenheim Theatinum.
Sie bekommen:	einen Anruf von Frau Lochner von der Firma Speckner. Sie haben 100 Dosen Truthahnfleisch bekommen. Die Fleischqualität war gut und es hat den Heimbewohnern auch gut geschmeckt. Sie wollen in Zukunft immer 250 Portionen pro Monat bestellen, dafür aber noch einen besseren Preis aushandeln: bei der garantierten Abnahme von 250 Portionen pro Monat 3 Prozent Rabatt. Weisen Sie darauf hin, dass viele Heimbewohner hauptsächlich Gemüse essen und Sie höchstens einmal pro Woche Truthahnfleisch auf den Speiseplan setzen können. Unterbrechen Sie höflich, wenn Sie zu Wort kommen wollen. Einigen Sie sich mit Frau Lochner.

Nachfragen

A1 **Ergänzen Sie.**

Wie • Würden • missverstanden • lauter • richtig • verstanden • genaue • kurz • zusammenfassen • noch mal • wiederholen

1 Entschuldigen Sie, ich habe nur die erste Hälfte _____.
  Könnten Sie das bitte _____?

2 _____ war noch mal Ihr Name?

3 _____ Sie bitte die Artikelbezeichnung noch einmal wiederholen?

4 Entschuldigen Sie, wie war _____ der Preis?

5 Könnten Sie bitte etwas _____ sprechen?

6 Wenn ich Sie _____ verstanden habe, möchten Sie Ihre Bestellung ändern?

7 Haben wir uns _____, oder möchten Sie wirklich Ihre Bestellung widerrufen?

8 Darf ich Ihre Bestellung noch einmal _____ wiederholen?
  Sie möchten also 1500 Stück von der Feinstrumpfhose „Annette"?

9 Darf ich noch mal kurz _____, worum es geht?

10 Wie war noch mal das _____ Datum?

Das können Sie sagen, wenn ...

Sie sicherstellen wollen, dass Sie alles richtig verstanden haben

Könnten Sie bitte die genaue Bezeichung des Artikels noch einmal wiederholen?

Würden / Könnten Sie bitte Ihren letzten Satz wiederholen?

Wie war noch mal Ihr Name? / Was war noch mal das genaue Gewicht ...?

Würden / Könnten Sie bitte etwas lauter / deutlicher / langsamer sprechen?

Wenn ich Sie richtig verstanden habe, dann möchten Sie ...

Habe ich Sie richtig verstanden? Sie möchten ...

Habe ich Sie / Haben wir uns missverstanden, oder möchten Sie wirklich / tatsächlich ...

Darf ich Ihren Auftrag noch einmal kurz wiederholen? Sie möchten ...

Wenn ich noch einmal kurz zusammenfassen darf? Es geht darum, dass ...

Was / Wie war noch mal der genaue Liefertermin?

Was / Wie war noch mal Ihre Frage?

> Bitte beachten Sie den häufigen Gebrauch von *noch mal* bzw. *noch einmal,* wenn eine Information wiederholt werden soll!

▶ 8 **B1** **Lesen Sie die Einführung und die folgenden Fragen.**
Hören Sie dann das Gespräch und beantworten Sie die Fragen.

Mercedes Panadero, die Assistentin von Korbinian Becker im Sportartikelgeschäft Aventura in Sevilla, hat gerade bei Asia-Sport in Deutschland Handbälle, Basketbälle und Fitness-Handschuhe bestellt. Da fällt ihr auf, dass sie die falsche Bestellnummer für die Handschuhe angegeben hat. Um eine falsche Lieferung zu verhindern, ruft sie bei der Firma Asia-Sport an.

1 Mit wem will Frau Panadero sprechen?

_____

2 Mit welcher Abteilung möchte sie verbunden werden?

_____

3 Warum wird sie nicht gleich verbunden?

_____

4 Was hat sie bestellt?

_____

5 Welche Bestellnummer hat sie angegeben?

_____

6 Welche Farbe hat diese Nummer?

_____

7 Welche Nummer will sie bestellen?

_____

8 Welche Farben sind das?

_____

9 In welcher Menge möchte Frau Panadero den Artikel bestellen?

_____

> Bitte merken Sie sich die Formulierung:
> ..., ich wollte Ihre Bestellung gerade bearbeiten.

▶ 8 **B2** Hören Sie den Anfang des Telefonats noch einmal und ergänzen Sie.

▲ Asia-Sport, Frische, guten Tag.

■ Guten Tag, hier ist Panadero. Ich rufe aus Sevilla an.
   Würden Sie mich bitte mit Herrn Möllemann verbinden?

▲ Entschuldigung, ich _____

_____

■ Herrn Möllemann bitte, _____

▲ Ah. Herrn Möllemann. _____

_____

▶ 8 **B3** Hören Sie das Gespräch noch einmal und beantworten Sie die Frage.
   Herr Möllemann verhält sich bei dem Anruf nicht besonders freundlich.
   Woran merken Sie das? Notieren Sie drei entsprechende Formulierungen.

1 _____, ich habe Sie schon verstanden.

2 _____, ich korrigiere das gleich am Computer.

3 Ja, ja, _____.

B4 Wie reagiert Frau Panadero insgesamt auf die Unfreundlichkeiten?

B5 Wie würden Sie darauf reagieren? Diskutieren Sie diese Frage in der Gruppe.

C1 Spielen Sie folgendes Telefonat mit Ihrer Lernpartnerin / Ihrem Lernpartner.
Tauschen Sie anschließend die Rollen. Verwenden Sie die Redemittel von Seite 27.

Rolle 1

Sie sind:	Versandhaus Bovary, Pécs.
Sie wollen:	einen Auftrag über 1000 Nachthemden ändern. Sie möchten statt des Modells Babette (Artikel-Nr. 1086-34) das raffiniertere Modell Claudine (Artikel-Nr. 1093-12).
Sie rufen an bei:	der Textilfirma Zeus.

Rolle 2

Sie sind:	der Ansprechpartner im Vertrieb der Firma Zeus, einer Textilfirma.
Sie bekommen:	einen Anruf, bei dem es um die Änderung einer Bestellung geht. – Bleiben Sie freundlich, obwohl Sie gerade nach Hause gehen wollten und den Computer schon ausgeschaltet haben.

Gute und schlechte Anrufzeiten

A1 **Setzen Sie ein.**

an • erreichbar • zwischen • erreiche • klappt es •
ab / gegen • erreichen • Bis • um ... herum • gegen

1 Wann _____ ich Sie denn am besten?

2 Am besten bin ich am frühen Morgen _____, und zwar schon _____ 8 Uhr.

3 Und am Nachmittag?

4 Da bin ich in der Regel _____ 16 und 18 Uhr zu _____.

5 Und _____ die Mittagszeit _____?

6 Da gehe ich für ca. eine halbe Stunde zum Essen. So _____ 13 Uhr bin wieder

_____ meinem Platz, habe aber oft Gesprächstermine. Besser _____ später.

_____ 18 Uhr bin ich eigentlich immer da.

Das können Sie sagen, wenn …

Sie sich informieren wollen, wann Ihr Gesprächspartner zu erreichen ist
Wann kann ich Sie am besten erreichen?
Ab / Bis wann sind Sie zu erreichen / erreichbar?
Zu welcher Tageszeit erreiche ich Sie am ehesten?
Wann klappt es eher – am Vormittag oder Nachmittag?

Sie Ihren Gesprächspartner dementsprechend informieren wollen
Am besten erreichen Sie mich vor / ab / bis 9 Uhr.
Am ehesten bin ich zwischen 9 und 10 / von 9 bis 10 erreichbar.
Um die Mittagszeit herum bin ich in der Regel nie an meinem Platz.
Am frühen Nachmittag bin ich meistens nur schwer zu erreichen.
Gegen / Nach 17 Uhr klappt es dagegen meist ganz gut.

▶ 9 **B1** **Lesen Sie die Einführung und die folgenden Sätze.**
Hören Sie dann das Gespräch und kreuzen Sie an.

Die Baufirma Hinz hatte von der Immobilien-
firma Reider den Auftrag erhalten, im
Zentrum von Dresden ein neues Bürohaus
zu errichten. Deshalb hatte sie bei der
Baumaschinen-Vermietung Atlant einige
Maschinen angemietet – da erreicht sie
die Nachricht, dass die Firma Reider, ihr
Auftraggeber, Insolvenz angemeldet hat.
Damit ist der Auftrag für das Bürohaus
natürlich geplatzt. Die Direktionsassistentin
der Firma Hinz, Renate Dross, ist nun damit
beschäftigt, die bereits erteilten Aufträge
für Materialien und Maschinen soweit
möglich wieder rückgängig zu machen.

	richtig	falsch
1 Es ist ein unruhiger Morgen bei der Firma Hinz.	○	○
2 Frau Emmerich hat die Nachricht vom Konkurs der Firma Reider im Radio gehört.	○	○
3 Frau Emmerich meint, die Firma Hinz sollte ihre Auftraggeber besser kontrollieren.	○	○
4 Die Firma Hinz hat drei Bagger angemietet.	○	○
5 Die Bagger sind für eine Dauer von 14 Tagen bestellt.	○	○
6 Die Firma Hinz mietet öfter Maschinen bei der Firma Atlant.	○	○
7 Frau Emmerich lehnt eine Stornierung der Bestellung ab.	○	○
8 Frau Emmerich wird sich auf jeden Fall bei Frau Dross melden.	○	○

▶9 **B2** **Hören Sie das Gespräch noch einmal und beantworten Sie die Fragen.**

1 Mit welcher Formulierung drückt Frau Dross die Unruhe bei der Firma Hinz aus?
2 Wer hat nach Meinung von Frau Emmerich bei der Kontrolle versagt?
3 Was würde Frau Dross mit der Bestellung am liebsten machen?
4 Warum hofft sie, dass eine – eigentlich zu späte – Absage doch möglich ist?
5 Wie reagiert sie auf Frau Emmerichs Angebot?

B3 **Frau Emmerich reagiert auf das Anliegen von Frau Dross sehr verständnisvoll. Hören Sie das Ende noch einmal und finden Sie drei Formulierungen, die das signalisieren.**

Ich werde mich _____

Gern _____

– und nicht _____

Im Gespräch hören Sie die Sätze:

Tja, und das Schlimme ist, dass es nicht nur den Reider trifft.

Tja, und nun brauchen wir die (Bagger) nicht mehr.

Man könnte diese Sätze auch ohne *tja* beginnen. Frau Dross leitet ihre Sätze so ein, weil sie betonen möchte, dass die aufgetretene negative Folge bedauerlich und unabänderlich ist: Es ist leider so, wie es ist.

B4 **Mussten Sie schon einmal in Ihrer Firma einen Auftrag stornieren? Oder wurde einer storniert? Berichten Sie.**

C1 Spielen Sie folgendes Telefonat mit Ihrer Lernpartnerin / Ihrem Lernpartner.
Tauschen Sie anschließend die Rollen. Verwenden Sie die Redemittel von Seite 31.

Rolle 1

Sie sind:	Paula Emmerich, Baumaschinen-Vermietung Atlant, Assistentin des Geschäftsführers.
Sie wollen:	einen Auftrag ablehnen. Nachdem Sie Ihrem potenziellen Kunden, der Baufirma Hoch & Quer, sechs Schwertransporter für 21 Tage angeboten hatten, reagierte der mit einer Bestellung von insgesamt acht Schwertransportern für 28 Tage. Bevor Sie schriftlich ablehnen, rufen Sie an. Vielleicht handelt es sich ja um ein Missverständnis.
Sie rufen an bei:	der Baufirma Hoch & Quer.

Rolle 2

Sie sind:	Max Trumpf, stellvertretender Geschäftsführer von Hoch & Quer.
Sie bekommen:	einen Anruf von Frau Emmerich. Sie erläutern die Gründe, warum Sie auf das Angebot mit einer abgeänderten Bestellung reagiert haben: Statt sechs Schwertransporter für 21 Tage brauchen Sie jetzt acht Schwertransporter für 28 Tage, weil mehr Bauteile transportieren müssen, als ursprünglich angenommen. Vereinbaren Sie ein zweites Telefonat mit dem Chef von Frau Emmerich und erkundigen Sie sich nach passenden Anrufzeiten.

A1 Ordnen Sie zu.

1 Uns ist da leider	a ob Sie diesen Fehler bemerkt haben.
2 Ich weiß nicht,	b deshalb nicht allzu böse.
3 Ich rufe Sie besser	c noch nicht bemerkt, aber ...
4 Ich hoffe, Sie sind uns	d ein Fehler unterlaufen.
5 Je eher Sie informiert sind,	e von mir aus an.
6 Sie haben es vielleicht	f darum kümmern.
7 Ich verspreche Ihnen, das wird	g wie das passieren konnte.
8 Ich werde mich persönlich	h nicht wieder vorkommen.
9 Ich konnte mir zunächst selbst nicht erklären,	i desto besser.

In keiner Firma läuft alles immer so perfekt, wie es laufen sollte. Irren ist schließlich menschlich, sodass jedem im Geschäftsverkehr mit seinen Kunden mal ein Fehler passieren kann. „Fehlermanagement" ist hier das Zauberwort: Wenn Sie den Irrtum oder Fehler vor Ihrem Kunden bemerken, sollten Sie ihn so schnell wie möglich darüber informieren. Oft ist der persönliche Kontakt am Telefon, bei dem Sie Fehler offen zugeben und dann versprechen, sie auszuräumen, die beste Strategie, Ärger zu vermeiden oder wenigstens in Grenzen zu halten.

Das können Sie sagen, wenn ...

Sie einer Beschwerde zuvorkommen wollen

Ich sage es ganz offen. Uns ist da leider ein Irrtum / Fehler passiert / unterlaufen.

Ich weiß nicht, ob Sie unseren Fehler schon bemerkt haben, aber ...

Sie haben es vielleicht noch nicht bemerkt, aber ...

Ich habe mir gedacht, ich rufe Sie besser von mir aus an.

Als ich unseren Irrtum vorhin bemerkt habe, dachte ich mir: Je eher ...

Je eher Sie darüber informiert sind, desto besser.

Bevor Sie sich beschweren, melde ich mich lieber bei Ihnen.

Ich war selbst ganz erstaunt / konnte mir zunächst selber nicht erklären,
wie uns das passieren konnte.

Ich hoffe, Sie sind uns deshalb nicht allzu böse.

Ich werde mich persönlich darum kümmern.

Das kann ich Ihnen fest zusagen.

▶ 10 **B1** **Lesen Sie die Einführung und die folgenden Sätze.**
Hören Sie dann das Gespräch zweimal und ergänzen Sie.

Jürgen Peters vom Bushersteller Ohlmüller KG hat durch Zufall
entdeckt, dass sich in der Rechnung an ein Reiseunternehmen
ein Fehler eingeschlichen hat. Außerdem ist noch ein zweites
Problem aufgetaucht ... Um Ärger mit diesem wichtigen Kunden
zu vermeiden, ruft Herr Peters bei Besser Reisen an.

1 Gesprächspartner von Herrn Peters (Familienname, Abteilung):

_____

2 Die beiden Gründe des Anrufs
   1. Grund: Die Firma Ohlmüller hat in der Rechnung für Besser Reisen ...

_____

   2. Grund: Die Firma kann wegen eines Streiks wahrscheinlich ...

_____

3 Reaktion von Besser Reisen ...
   auf Problem 1:

_____

   auf Problem 2:

_____

4 Zusage von Herrn Peters:

_____

_____

_____

B2 Finden Sie es richtig, dass Herr Peters bei Besser Reisen angerufen hat?
Und wie beurteilen Sie, wie er es gemacht hat? Diskutieren Sie in der Gruppe.

B3 Was bedeuten folgende Ausdrücke? Kreuzen Sie die richtigen Antworten an.

1 *Es handelt sich um* den Kaufpreis.
    a ◯ Der Kaufpreis steht zur Diskussion.
    b ◯ Es geht um den Kaufpreis.
    c ◯ Man macht ein Geschäft mit verschiedenen Preisen.

2 Die Produktion *ist in Rückstand geraten*.
    a ◯ Es ist bei der Produktion zu Verzögerungen gekommen.
    b ◯ Die Produktionsanlagen laufen rückwärts.
    c ◯ Die Firma steht mit dem Rücken zur Wand.

3 Liefertermin ist *voraussichtlich* August.
    a ◯ Es wird vielleicht im August geliefert.
    b ◯ Liefertermin ist der nächste August.
    c ◯ Soweit es jetzt abschätzbar ist, wird im August geliefert.

▶ 10 **B4** Hören Sie das Gespräch noch einmal und ergänzen Sie das jeweils fehlende Wort.

1 Danke, ich kann nicht _____.

2 Frau Hansen, es geht _____ die Rechnung für die zehn Busse.

3 Nun, uns ist da ein blöder Fehler _____, und ich wollte ____ Ihnen persönlich sagen.

4 Ja, aber es war _____: 490.000 inklusive Klimaanlage.

5 Ja also, ich war selbst ganz _____, wie uns das passieren konnte.

6 Ich habe _____ gedacht, ich informiere Sie besser selbst, bevor Sie sich melden.

7 Trotzdem ist mir die Sache wirklich _____.

8 Die bekommen die Busse natürlich ohne _____.

9 So, wie es _____ aussieht, _____ nicht.

10 Ja, das kann ich Ihnen fest _____.

11 Im _____, ich danke Ihnen, dass Sie uns von sich aus _____ gesagt haben.

C1 Spielen Sie folgendes Telefonat mit Ihrer Lernpartnerin / Ihrem Lernpartner.
Tauschen Sie anschließend die Rollen. Verwenden Sie die Redemittel von Seite 35.

Rolle 1

Sie sind:	Klavierhersteller Brechstein, Dresden, Deutschland.
Sie wollen:	dem Klaviergeschäft Flügel-Rausch in München eine Lieferung von 15 Klavieren anzeigen. Leider steht auf der bereits abgeschickten Versandanzeige eine falsche Anzahl, nämlich 25. Bevor Sie eine neue Versandanzeige abschicken, rufen Sie in München an. Weisen Sie, um das Interesse auf ein angenehmeres Thema zu lenken, auf ein Jubiläumsmodell mit exklusivem Elfenbein-Imitat hin.

Rolle 2

Sie sind:	Werner Rausch, Juniorchef des Klaviergeschäfts Flügel-Rausch in München.
Sie bekommen:	einen Anruf des Klavierherstellers Brechstein, der Sie über eine falsche Versandanzeige informiert, in der Ihnen eine Lieferung von 25 Klavieren angekündigt wird. Dabei haben Sie nur 15 bestellt. Sie haben die falsche Versandanzeige gerade erhalten und sich darüber geärgert, weil das nicht das erste Mal passiert ist.

Aktiv zuhören

Wenn Sie mit einem Geschäftspartner am Telefon kommunizieren, sollten Sie auch dann „anwesend"
sein und Ihren Beitrag zum Telefongespräch leisten, wenn Sie gerade nicht sprechen. Ihr Gesprächspartner registriert sofort, wenn Sie ihm nicht Ihre ganze Aufmerksamkeit schenken. Dabei sind nur
ein paar einfache Formulierungen nötig. Allerdings sind auch Missgeschicke möglich: So gilt z. B. im
Deutschen – im Unterschied z. B. zum Französischen – ein *Jaja* als Zeichen von Ungeduld und deshalb
als unhöflich. Auch mit dem beliebten *okay* sollte man im Geschäftsverkehr besser sparsam umgehen.

A1 **Welche Ausdrücke des aktiven Zuhörens sind korrekt, welche nicht?**
Kreuzen Sie an. Vergleichen Sie Ihre Lösungen.

	korrekt	nicht korrekt
1 Die restlichen 50 Prozent folgen im August und September. – *Jaja.*	○	○
2 Ich habe gehört, Herr Gans hat heute 30-jähriges Jubiläum. – *Richtig.*	○	○
3 Wir haben mit Ihrer Firma schon 1978 zusammengearbeitet. – *Aha.*	○	○
4 Ich höre dann Anfang nächster Woche von Ihnen. – *Aber hallo!*	○	○
5 ... Den Rest besprechen wir übermorgen. – *Alles klar, übermorgen.*	○	○
6 Wegen eines Streiks können wir leider erst nächsten Monat liefern. – *Verstehe.*	○	○

Das können Sie sagen, wenn ...

**Sie einfach nur signalisieren wollen,
dass Sie aufmerksam zuhören**
Ja (unbetont) ...
Mmh ...

**Sie signalisieren wollen, dass Sie die Äußerung
Ihres Gesprächspartners verstanden haben**
Aha ...
Verstehe ...

**Sie die Richtigkeit der Äußerungen Ihres
Gesprächspartners bestätigen wollen**
Richtig.
Ja genau.
Mmh mhm (ansteigend) ...

Sie Erstaunen signalisieren wollen
Wirklich?
Ach?

**Sie zum Schluss noch einmal Ihr
Einverständnis signalisieren wollen**
... am Dienstag. – Alles klar, am Dienstag!
*... bis Dienstag. – Gut, dann verbleiben
wir so, dass Sie mir bis Dienstag Bescheid
geben!*

▶ 11 **B1** **Lesen Sie die Einführung und die folgenden Sätze.
Hören Sie dann das Gespräch und kreuzen Sie an.**

Die Firma Aventura in Sevilla hat von der Firma Asia-Sport
mit der Lieferung von 300 Handbällen und 200 Basketbällen auch die Rechnung bekommen. Da die Rechnung
nicht mit der Lieferung übereinstimmt, ruft Mercedes
Panadero bei der Firma Asia-Sport an.

	richtig	falsch
1 Frau Panadero möchte mit Frau Frische sprechen.	○	○
2 Frau Panadero ruft wegen der Rechnung an.	○	○
3 Die Firma Aventura hat 250 Paar Handschuhe bestellt.	○	○
4 Herr Möllemann hat die Stornierung bestätigt.	○	○
5 Frau Heller rekonstruiert den Vorgang anhand der Lieferscheine.	○	○
6 Frau Panadero soll den Betrag für die Handschuhe abziehen.	○	○
7 Frau Panadero ist mit der Lösung, die Frau Heller vorschlägt, nicht einverstanden.	○	○
8 Frau Heller wird Frau Panadero noch einmal anrufen.	○	○

Bitte merken Sie sich folgende Formulierungen:
– *Und dann haben wir gesehen, dass wir doch noch
ziemlich viel **auf Lager** hatten.*
– *..., als die Rechnung schon draußen war.*
– *Damit **es** nicht noch mal **schiefgeht**.*

▶ 11 **B2** Hören Sie das Gespräch noch einmal und beantworten Sie die Fragen.

1 Mit welcher Abteilung möchte Frau Panadero verbunden werden?

_____

2 Wie lautet die Kundennummer der Firma Aventura?

_____

3 Wie lautet die Rechnungsnummer?

_____

4 Um welches Problem geht es bei der Rechnung?

_____

5 Wann wurde die Bestellung storniert?

_____

6 Sind die Handschuhe auf dem Lieferschein erwähnt?

_____

7 Warum ist die Rechnung falsch ausgestellt worden?

_____

8 Wann bekommt die Firma Aventura die neue Rechnung?

_____

▶ 11 **B3** Hören Sie das Gespräch noch einmal und markieren Sie auf Seite 39
die Redemittel, die darin vorkommen.

> Beachten Sie außerdem die Formulierung:
> _Tja, vielleicht ist die Stornierung nicht rechtzeitig ange-_
> _kommen._ Mit _tja_ wird hier – anders als in Kapitel 7 –
> betont, dass die Sprecherin etwas für möglich oder
> überlegenswert hält.

B4 Welche Ausdrücke für aktives Zuhören
kennt man in Ihrer Sprache?

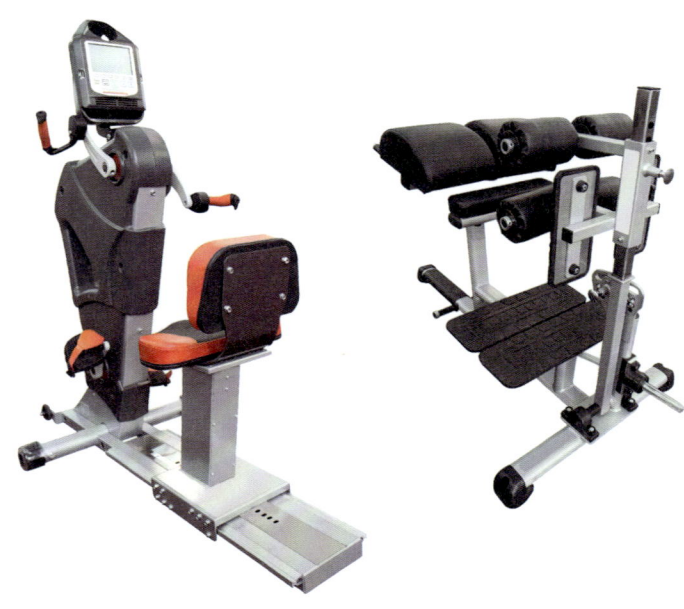

C1 Spielen Sie folgendes Telefonat mit Ihrer Lernpartnerin / Ihrem Lernpartner. Tauschen Sie anschließend die Rollen. Verwenden Sie die Redemittel von Seite 39.

Rolle 1

Sie sind:	Paolo Romano, Inhaber des Spielwarengeschäfts Pinocchio in Bari, Italien.
Sie wollen:	die Lieferung von 500 Zwergen bestätigen, die Sie bei dem Spielzeughersteller Troll in Hirschhorn, Deutschland, bestellt hatten; die Zahlung soll per Überweisung erfolgen. Laut Rechnung sind es aber 550 Zwerge. Um die Differenz zu klären, rufen Sie bei Troll in Deutschland an.

Rolle 2

Sie sind:	Theodor Gruber, Vertriebsleiter des Spielzeugherstellers Troll in Hirschhorn, Deutschland.
Sie bekommen:	einen Anruf von Paolo Romano, Inhaber des Spielwarengeschäfts Pinocchio in Bari, Italien. Finden Sie heraus, wie die Differenz zwischen gelieferten und in Rechnung gestellten Zwergen zustande gekommen ist, und einigen Sie sich mit Herrn Romano.

Eine Beschwerde äußern

A1 **Setzen Sie in der richtigen Form ein.**

auf Schadenersatz • Mängel • entgegenkommen • bestehen • vereinbaren

1 Die Hälfte der gelieferten Ware hatte leider gravierende _____.

2 Wir hatten außerdem _____, dass Sie bis Ende August liefern.

3 Wir _____ darauf, dass Sie die fehlerhaften Exemplare sofort zurücknehmen!

4 Sonst werden wir Sie _____ verklagen.

5 Außer Sie _____ uns im Preis _____.

Das können Sie sagen, wenn ...

Sie den Grund der Beschwerde nennen wollen
An Ihrer letzten Lieferung mussten wir leider einige Mängel feststellen: ...
Ihre letzte Lieferung kam mit zwei Wochen Verspätung.
Die Ware wies etliche Qualitätsmängel auf.

Sie an die ursprüngliche Vereinbarung erinnern wollen
Wir hatten eine Stückzahl von 1.500 Exemplaren vereinbart.
Laut Vertrag sollten Sie die Ware bis Ende August liefern.
Im Vertrag steht, dass die Ware in Größe 42 geliefert wird.

Sie auf Ihren Ansprüchen bestehen wollen
Wir müssen schon darauf bestehen, dass Sie den Vertag erfüllen.
Wir erwarten von Ihnen, dass Sie die beschädigte Ware zurücknehmen.
Wir bitten Sie, die vereinbarte Menge so schnell wie möglich zu liefern.

Sie auf mögliche Konsequenzen hinweisen wollen
Ihr Unternehmen möchte ja sicher auch in Zukunft mit uns zusammenarbeiten.
Für unsere Geschäftsbeziehungen wäre das vermutlich nicht sehr positiv.
Sie müssen sonst mit einer Schadenersatzforderung rechnen.

Sie eine Lösung des Problems vorschlagen wollen
Vielleicht sollten wir noch einmal über den Preis reden.
Ich schlage Ihnen vor, uns zum Ausgleich beim Preis entgegenzukommen.
Für wann können Sie uns die restliche Lieferung verbindlich zusagen?

▶ 12 **B1** **Lesen Sie die Einführung und die folgenden Fragen. Hören Sie dann das Gespräch zweimal und beantworten Sie die Fragen.**

Carla Benedetti, Verkaufsleiterin beim italienischen Gemüseexporteur Santini, befindet sich in einer unangenehmen Situation. Aufgrund von Überschwemmungen ist ihre Firma nicht in der Lage, die bestellte Ware rechtzeitig zu liefern. Jetzt ruft auch noch Wolfgang Jonas von der Firma Allkauf GmbH, einem der wichtigsten Großkunden, an.

1 Wo in Deutschland befindet sich die Firma, bei der Herr Jonas arbeitet?

_____

2 Warum ruft Herr Jonas bei Frau Benedetti an?

_____

3 Welche Situation herrscht zurzeit bei der Firma Santini?

_____

4 Welche Einrichtungen der Firma Santini sind in großer Zahl zerstört worden?

_____

5 Wie heißt der juristische Ausdruck für das Dilemma?

_____

6 Wie beantwortet Frau Benedetti die Frage nach dem neuen Liefertermin?

_____

7 Warum kann die Firma von Herrn Jonas nicht woanders einkaufen?

_____

8 Wie versucht Herr Jonas, den Schaden für sein Geschäft möglichst gering zu halten?

_____

9 Was verspricht Frau Benedetti?

_____

B2 **Verbinden Sie.**

1 Hat sich denn die Lage	a gegenüber unseren Kunden.
2 Laut Vertrag sollten Sie die Ware	b schon gebessert?
3 Wir haben natürlich auch Verpflichtungen	c auch von keinem anderen Lieferanten.
4 So kurzfristig kriegen wir das Gemüse	d auf dem Laufenden zu halten.
5 Ich muss Sie bitten, mich	e bis Ende August komplett liefern.

B3 **Was meinen Sie?**

1 Finden Sie das Verhalten von Herrn Jonas zynisch, wenn er trotz der schwierigen Lage bei Santini sofort an sein Geschäft denkt und bei dieser Gelegenheit sogar noch einmal über den Preis verhandeln möchte?

2 Hätte Frau Benedetti vielleicht von sich aus einen Preisnachlass anbieten sollen?

B4 **Berichten Sie Ihrer Lernpartnerin / Ihrem Lernpartner von einer Lieferverzögerung, die Sie in Ihrer Firma erlebt haben.**

C1 Spielen Sie folgendes Telefonat mit Ihrer Lernpartnerin / Ihrem Lernpartner.
Tauschen Sie anschließend die Rollen. Verwenden Sie die Redemittel von Seite 43.

Rolle 1

Sie sind: Manuel Almeida, Chef-Einkäufer der Fertighaus-Fabrik Casa Nova in Lissabon, Portugal.

Sie wollen: beim Armaturenhersteller Tropfhahn in Augsburg, Deutschland, anrufen, um sich zu beschweren, dass die vereinbarte Lieferung von Badezimmer-Armaturen immer noch nicht eingetroffen ist. Sie drohen mit rechtlichen Schritten und erwarten einen Preisnachlass.

Rolle 2

Sie sind: Manuela Sattmann, Leiterin der Versand-abteilung des Armaturenherstellers Tropfhahn.

Sie bekommen: einen Anruf von Herrn Almeida. Sie äußern Verständnis für Herrn Almeidas Ärger, erwäh-nen den Lokführerstreik in Deutschland und versprechen eine schnelle Problemlösung. Sie reagieren aber auf seine Forderung nach Preisnachlass eher ausweichend.

Eine Beschwerde entgegennehmen

A1 **Ordnen Sie zu.**

1 Ich kann Ihren Ärger	a ein schlimmer Fehler unterlaufen.
2 Da ist uns leider	b um die Angelegenheit kümmern.
3 Da muss ich Ihnen	c vielmals um Entschuldigung.
4 Für diesen Irrtum bitte ich Sie	d gut verstehen.
5 Ich werde mich persönlich	e leider widersprechen.

> *Das können Sie sagen, wenn ...*
>
> **Sie Verständnis für das Problem Ihres Gesprächspartners signalisieren wollen**
> *Ich kann Ihren Ärger gut verstehen / nachvollziehen.*
> *An Ihrer Stelle wäre ich jetzt auch verärgert / würde ich mich auch ärgern.*
> *Ich verstehe, dass das für Sie sehr unangenehm ist.*
>
> **Sie einen Fehler aufseiten Ihrer Firma einräumen wollen**
> *Ich muss leider zugeben, dass Sie recht haben.*
> *Da ist uns leider ein schlimmer Fehler / Irrtum unterlaufen.*
> *Es stimmt, bedauerlicherweise haben wir den Liefertermin nicht eingehalten.*

Sie eine Beschwerde höflich zurückweisen wollen
So leid es mir tut, aber dafür sind wir nicht verantwortlich.
Da muss ich Ihnen leider widersprechen.
Für mich stellt sich der Sachverhalt anders dar: ...

Sie sich entschuldigen wollen
Ich bedaure sehr, dass uns dieser Fehler/Irrtum unterlaufen ist.
Es tut mir wirklich sehr leid, dass das passiert ist.
Für diese Panne bitte ich Sie vielmals um Entschuldigung.

Sie eine Lösung des Problems in Aussicht stellen wollen
Ich werde mich persönlich um die Angelegenheit kümmern.
Wir werden unser Bestes tun, um das Problem zu lösen.
Was halten Sie von folgendem Vorschlag? ...

▶ 13 **B1** **Lesen Sie die Einführung und die folgenden Sätze.**
Hören Sie dann das Gespräch und kreuzen Sie an.

Nehmen Sie am Telefon öfter Reklamationen
entgegen? Wenn ja, dann geht es Ihnen wie Rosi
Zeck, Sachbearbeiterin der Firma Bergmann.
Heute war es besonders unangenehm für sie:
APP, ein renommierter Pumpenhersteller und
Großkunde von Bergmann, hat die letzte Lieferung
von Dichtungen reklamiert.

	richtig	falsch
1 Herr Bergström spricht mit Frau Zeck zum ersten Mal.	○	○
2 Eine Kontrolle hat ergeben, dass die Qualität der Lieferung nicht stimmt.	○	○
3 Frau Zeck gibt Herrn Bergström recht, als dieser sich beschwert.	○	○
4 Herr Bergström befürchtet Verzögerungen bei der Produktion und Ärger mit den Kunden.	○	○
5 Frau Zeck verspricht Herrn Bergström, dass sich ihr Chef bei ihm entschuldigen wird.	○	○
6 Frau Zeck will alles dafür tun, dass Herr Bergström die richtige Ware bald erhalten wird.	○	○

B2 **Frau Zeck hat aus dieser Situation wirklich das Beste für sich und ihr Unternehmen gemacht.**
Wieso? – Das herauszufinden ist Ihre Aufgabe. Hier sind die „goldenen Regeln" der
angemessenen Reaktion auf Beschwerden.

Regel 1 Aktiv zuhören, Interesse für den Gesprächspartner und sein Anliegen zeigen
Regel 2 Positiv und hilfsbereit reagieren
Regel 3 Verständnis für den Gesprächspartner zeigen
Regel 4 Erwartungen des Gesprächspartners bestätigen
Regel 5 Eigene Fehler zugeben
Regel 6 Sich für eigene Fehler entschuldigen
Regel 7 Persönlichen Einsatz bei der Problemlösung zeigen

a Hören Sie jetzt das Gespräch noch einmal und bringen Sie die Formulierungen von Frau Zeck in die richtige Reihenfolge.

_____ A Gut, dass Sie mich gleich angerufen haben.

_____ B Ich werde mich sofort darum kümmern.

_____ C Natürlich, das verstehe ich.

_____ D Sie haben völlig recht.

_____ E Das ist ja wirklich ärgerlich.

_____ F Gerade von uns müssen Sie erwarten können, dass alles klappt.

_____ G Ich möchte mich persönlich bei Ihnen entschuldigen.

_____ H Der Fehler liegt bei uns, ganz klar.

b Ordnen Sie zu.

1 Sie signalisiert Verständnis für Herrn Bergströms Ärger. (2 Beispiele)

_____

_____

2 Sie begrüßt seine schnelle Reklamation.

_____

_____

3 Sie gibt Herrn Bergström recht und eigene Fehler zu. (2 Beispiele)

_____

_____

4 Sie möchte die Erwartungen von Herrn Bergström bestätigen.

_____

_____

5 Sie entschuldigt sich.

_____

_____

6 Sie macht deutlich, dass sie sich persönlich für die Lösung des Problems einsetzen wird.

_____

_____

B3 Wann mussten Sie das letzte Mal eine Reklamation entgegennehmen? Berichten Sie Ihrer Lernpartnerin / Ihrem Lernpartner darüber und fragen Sie nach ihren / seinen Erfahrungen in einer solchen Situation.

C1 Spielen Sie folgendes Telefonat mit Ihrer Lernpartnerin / Ihrem Lernpartner. Tauschen Sie anschließend die Rollen.

Rolle 1

Sie sind:	Friederike Sonnenschein, Leiterin des Müttererholungsheims Mother and Fun, Mittenwald, Deutschland.
Sie wollen:	sich beim Sauerkrauthersteller Coucroute Totale in Strasbourg, Frankreich, beschweren, weil die letzte Sauerkrautlieferung einen merkwürdigen Beigeschmack hatte.

Verwenden Sie die Redemittel aus Kapitel 10, Seite 43.

Rolle 2

Sie sind:	François Patton, stellvertretender Geschäftsführer des Sauerkrautherstellers Choucroute Totale, Strasbourg, Frankreich.
Sie bekommen:	einen Anruf von Frau Sonnenschein vom Müttererholungsheim Mother and Fun. Sie weisen die Beschwerde mit Hinweis auf ein altes Hausrezept zurück, wollen aber den Kunden nicht verlieren und kommen deshalb Frau Sonnenschein mit einem Preisnachlass von 5 Prozent für alle künftigen Lieferungen an Mother and Fun entgegen.

Verwenden Sie die Redemittel von Seite 46/47.

Eine Nachricht hinterlassen

A1 Ergänzen Sie.

wegen • zurückrufen • hinterlassen • spricht • Rückfrage • Nachricht • nett

Guten Tag, hier _____ (1) Ferdinand Forster von der Firma Dannhauser. Ich möchte für Herrn

Schorner eine _____ (2) _____ (3). Ich rufe _____ (4) Ihres Schreibens

vom letzten Montag an. Ich habe da noch eine _____ (5) zur Zahlungsfrist. Es wäre

_____ (6), wenn Sie mich _____ (7) würden. Ich bin morgen den ganzen Tag im Büro.

Meine Nummer haben Sie ja. Danke. Auf Wiederhören.

> Zu einem guten Gesprächsmanagement gehört der souveräne Umgang
> mit dem Anrufbeantworter (AB) / der Voice-Box: Man sollte sich von
> der Tatsache, dass man nur eine Nachricht hinterlassen kann, nicht über-
> raschen lassen. Wichtig ist, dass Sie Ihre Nachricht klar strukturieren.
> Und: Halten Sie sich kurz und formulieren Sie ohne lange Pausen.

Das können Sie sagen, wenn ...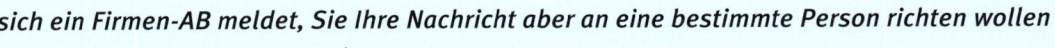

Sie sagen wollen, wer Sie sind
Guten Tag, hier spricht ...
Mein Name ist ..., guten Tag.

sich ein Firmen-AB meldet, Sie Ihre Nachricht aber an eine bestimmte Person richten wollen
Diese Nachricht ist für Frau ... / Herrn ...
Ich möchte (für) Frau ... / Herrn ... eine Nachricht hinterlassen.

Sie den Grund des Anrufs formulieren wollen
Ich rufe wegen unseres Termins am Donnerstag an: ...
Ich rufe an, weil ich zu Ihrem Schreiben vom ... noch eine Rückfrage habe.

Sie Ihre Erwartung an den Angerufenen formulieren wollen
Würden / Könnten Sie mich bitte unter der Nummer ... zurückrufen? Danke.
Es wäre nett, wenn Sie heute noch zurückrufen würden. Meine Nummer ist ...

▶ 14 **B1** **Lesen Sie die Einführung und die folgenden Sätze. Hören Sie dann den Ansagetext und die Nachricht von Frau Sommer und ergänzen Sie die fehlenden Wörter.**

Die Firma Sauter & Co. hat heute eine dritte Mahnung von der Earthwind Recycling GmbH bekommen. Melanie Sommer, die neue Buchhalterin der Firma, kontrolliert die angemahnte Rechnung und ruft bei Frau Zaun, der Buchhalterin von Earthwind, an. Es meldet sich aber nicht Frau Zaun selbst, sondern nur ihr AB; Frau Zaun ruft dann später zurück.

1 Sie können mir jedoch gerne nach dem Signalton eine _____ .

2 Ich rufe Sie dann _____ .

3 Wie haben von Ihnen heute eine _____ bekommen, mit einer _____

   und _____ .

4 Unsere Nummer ist die 02671 897656, meine _____ 334.

▶ 15 **B2** Hören Sie das eigentliche Telefongespräch und ergänzen Sie die fehlenden Wörter.

1 Sie hatten heute Vormittag bei mir angerufen, aber da war _____.

2 Mein Vorgänger hat ein schreckliches Chaos _____, und ich musste mich erst

   _____.

3 Dann _____ also die Überweisung über den _____ Betrag inklusive Mahngebühr

   und Verzugszinsen heute noch an Sie _____.

▶ 15 **B3** Hören Sie das Gespräch noch einmal und machen Sie sich Notizen.

1 Grund des Zahlungsverzugs:

   _____
   _____
   _____

2 Zusicherung von Frau Sommer:

   _____
   _____
   _____

3 Bitte von Frau Sommer:

   _____
   _____
   _____

4 Reaktion von Frau Zaun:

   _____
   _____
   _____

B4 Finden Sie es richtig, dass Frau Sommer bei Earthwind angerufen hat?
Und wie beurteilen Sie, wie sie es gemacht hat? Diskutieren Sie in der Gruppe.

C1 Hinterlassen Sie eine Nachricht auf dem AB.
Verwenden Sie die Redemittel von Seite 51.

Sie sind:	der Geschäftsführer des Möbelgeschäfts Schlafzimmer-Raimund in München.
Sie wollen:	beim Möbelhersteller Hinundweg anrufen und

                      • sich bei für eine Zahlungsverzögerung entschuldigen
oder   • eine Frage zu einer Mahnung stellen
oder   • einen Katalog mit den neuen Modellen anfordern
oder   • sich erkundigen, wann eine wichtige Lieferung an Sie versandt wurde
oder   • ein Angebot für 100 Wasserbetten einholen
oder   • sich über die Qualität der letzten Lieferung beschweren
oder   • …

Sie hören:	„Guten Tag. Sie haben die Möbelmanufaktur Hinundweg gewählt. Heute sind wir auf einem Betriebsausflug. Aber morgen sind wir wieder ganz für Sie da. Sie können gerne eine Nachricht auf Band sprechen. Bitte nennen Sie Ihren Namen, Ihre Telefonnummer, den Grund Ihres Anrufs und mit wem Sie gerne gesprochen hätten. Wir rufen Sie dann morgen gerne zurück. Bitte teilen Sie uns mit, wann Sie am besten erreichbar sind. Vielen Dank und auf Wiederhören."

Sich einigen – Probleme bei Vereinbarungen

A1 Welche dieser Formulierungen sind eher entgegenkommend?
Welche Formulierungen sind dringlich und zeigen, dass die Situation angespannt ist?

	entgegenkommendere Formulierung	dringlichere Formulierung
1 Wir haben ja Verständnis für Ihre Schwierigkeiten, aber wir müssen eine Vereinbarung treffen.	○	○
2 Wenn Sie den Termin nicht einhalten, ergeben sich rechtliche Konsequenzen für Sie.	○	○
3 Der Termin ist absolut verbindlich, da gibt es keinen Spielraum mehr.	○	○
4 Wir verbleiben dann also so, wie besprochen. Wenn es Fragen gibt, melden Sie sich bitte.	○	○
5 Wir können auf keinen Fall weitere Verzögerungen in Kauf nehmen.	○	○

A2 a Woran haben Sie erkannt, dass eine Formulierung entgegenkommender bzw. dringlicher ist? Unterstreichen Sie.

b Wie verhalten Sie sich in Situationen, in denen Ihr Geschäftspartner eine getroffene Vereinbarung nicht einhält? Diskutieren Sie im Kurs.

Das können Sie sagen, wenn ...

Sie eine Vereinbarung nicht einhalten können
Wir haben im Moment leider ein Problem in der Herstellung.
Deshalb verzögert sich die Lieferung etwas.
Der Grund für unsere momentanen Schwierigkeiten ist ...
Wäre es möglich, den Termin um einen Monat zu verschieben? Damit wäre
uns sehr geholfen.
Wir bedauern die Verzögerung sehr und sind sicher, dass wir den
neuen Termin einhalten können.

Sie die Einhaltung einer Vereinbarung anmahnen
Wir brauchen die Unterlagen bis spätestens ...
Ich möchte Sie um eine feste Terminzusage bitten.
Wir erwarten, dass Sie die vereinbarte Frist einhalten.
Wir betrachten die getroffene Vereinbarung als verbindlich.
Eine weitere Verzögerung hätte Konsequenzen für Sie.

Sie das Gesprächsergebnis zusammenfassen und festhalten wollen
Gut, dann vereinbaren wir Folgendes: ...
Also, dann halten wir Folgendes fest: ...
Ich notiere mir jetzt folgenden Termin als verbindlich: ...
Ich fasse jetzt noch einmal das Wichtigste zusammen: ...
Wir sind folgendermaßen verblieben: ...
Wir haben Folgendes vereinbart: ...

▶ 16 **B1** **Lesen Sie die Einführung und die folgenden Sätze.**
Hören Sie dann das Gespräch und kreuzen Sie an.

Der Traktorfabrikant Augustin hat einen Brief vom Land-
wirt Gustav Gans bekommen, in dem Herr Gans darum
bittet, die am 31.10. fällige Rechnung zu stunden. Ihm
fehlen momentan die Einnahmen, um die beiden bereits
gelieferten Traktoren termingerecht zahlen zu können,
da ein Unwetter den Großteil seiner Ernte vernichtet hat.

	richtig	falsch
1 Herr Gans ist draußen auf dem Feld.	○	○
2 Die Ernte ist durch Hagel vernichtet worden.	○	○
3 Herr Gans hat darum gebeten, den Betrag in monatlichen Teilzahlungen bezahlen zu können.	○	○
4 Herr Augustin ist nicht bereit, Herrn Gans entgegenzukommen.	○	○
5 Herr Augustin möchte, dass Herr Gans den ganzen Betrag komplett bezahlt.	○	○
6 Herr Augustin will Herrn Gans eine Vereinbarung über die getroffene Verabredung zuschicken.	○	○

Hören Sie das Gespräch noch einmal und ergänzen Sie.

Ich kann Ihnen folgenden _____ (1) machen: Sie bezahlen in _____ (2) immer

am Anfang des Monats und solange Sie in Raten zahlen, berechnen wir Ihnen zwei Prozent

_____ (3) auf den _____ (4) das heißt, auf die _____ (5), die noch

_____ (6) ist. Wenn Sie dann von Ihrer _____ (7) das Geld haben, zahlen

Sie den Rest _____ (8).

B3 **Ergänzen Sie.**

Entschädigung • vereinbart • Abschlagszahlungen • Vereinbarung •
Zahlungsverzug • verblieben

Sehr geehrter Herr Gans,

wir sind folgendermaßen _____ (1): Bis zur endgültigen Zahlung,

die aufgeschoben wird, bis Sie die _____ (2) von Ihrer

Versicherung bekommen haben, leisten Sie monatliche

_____ (3) in Höhe von jeweils EUR 5.000,00.

Für den entstehenden _____ (4) haben wir einen Zins

von 2 Prozent _____ (5). Ich bitte Sie, die _____ (6)

durch Unterschrift auf dieser Seite zu bestätigen und diese an uns

zurückzuschicken.

Mit freundlichen Grüßen

P. Augustin

_____   _____

P. Augustin   Datum   Unterschrift (G. Gans)

B4 **Verbinden Sie die passenden Satzteile.**

1 Sie wollten die Rechnung	a kann ich schon Genaueres sagen.
2 Wenn Sie mich in zwei Tagen anrufen,	b als absolut verbindlich an.
3 Sie haben uns damals ausdrücklich	c und schicke Ihnen das dann noch per Fax zu.
4 Wir sehen die jetzige Vereinbarung	d die fristgerechte Lieferung zugesagt.
5 Ich halte die Ergebnisse fest	e bis zum 25.3. bezahlen.

C1 Spielen Sie folgendes Telefonat mit Ihrer Lernpartnerin / Ihrem Lernpartner.
Tauschen Sie anschließend die Rollen. Verwenden Sie die Redemittel von Seite 55.

Rolle 1

Sie sind:	Herr Gans. Sie haben in den letzten Monaten schon 20.000 Euro an den Traktorlieferanten Augustin bezahlt. Die Versicherung hat Ihnen nun weniger Geld erstattet, als Sie erwartet haben: 50.000 statt 80.000 Euro.
Sie wollen:	die 50.000 Euro verwenden, um die Rechnung weiter abzubezahlen. Den verbleibenden Rest wollen Sie so abbezahlen wie bisher: 5.000 Euro pro Monat, der verbleibende Rest wird mit 2 Prozent verzinst. Sie rufen beim Traktorlieferanten Augustin an.

Rolle 2

Sie sind:	Herr Augustin, Traktorfabrikant.
Sie bekommen:	einen Anruf von Herrn Gans, der Ihnen mitteilt, dass er nach Erhalt der Versicherungssumme Ihre Rechnung nicht wie vereinbart begleichen kann. Da Sie selbst auch Zahlungsverpflichtungen haben, sind Sie nicht ganz so entgegenkommend wie beim letzten Mal. Sie bestehen darauf, dass der Restbetrag mit 3 Prozent verzinst wird und machen klar, dass dies die letzte und absolut verbindliche Zahlungsvereinbarung ist.

Du oder *Sie*? – Ausweichend antworten

A1 Welche Formen der Anrede benutzen Sie in Ihrer Sprache?
Kreuzen Sie an.

	Vorname + *Du*	Vorname + *Sie*	Herr / Frau + Familien- name + *Sie*	Herr / Frau + akademischer Titel + Familienname + *Sie*
1 bei gleichgestellten Kollegen in Ihrer Firma	○	○	○	○
2 bei gleichgestellten Kollegen in anderen Firmen	○	○	○	○
3 bei Ihrer Chefin / Ihrem Chef	○	○	○	○
4 bei Geschäftspartnern, mit denen Sie eng zusammenarbeiten	○	○	○	○

A2 Vergleichen Sie Ihre Antworten mit denen Ihrer Lernpartnerin / Ihres Lernpartners und berichten Sie im Kurs.

In den deutschsprachigen Ländern sind der Familienname und das *Sie* immer noch die korrekte Anredeform, besonders wenn sich die Gesprächspartner nicht persönlich kennen. In manchen Firmen ist es aber inzwischen üblich, dass sich die Gesprächspartner mit dem Vornamen und *Sie* anreden, wenn sie sich besser kennen (Matthias, stellen Sie bitte die Daten zusammen!) oder sich duzen.

In der Regel bietet die Person, die älter ist oder die eine höhere Position einnimmt, das Du an.

Als generelle Regel gilt: Sprechen Sie Ihren Gesprächspartner so an, wie er Sie anredet. Wenn er den Familiennamen und *Sie* benutzt, tun Sie das auch. Neben dieser Faustregel kommt es sehr auf die Firmen- oder Abteilungskultur an. Seien Sie aufmerksam und beobachten Sie, wie sich die anderen verhalten.

A3 Vergleichen Sie die Formen der Anrede in Ihrem Land mit denen in den deutschsprachigen Ländern. Wo gibt es Gemeinsamkeiten, wo gibt es Unterschiede? Diskutieren Sie im Kurs.

> *Das können Sie sagen, wenn ...*
>
> ❝ ❞
>
> **Sie Ihre Bitte vorsichtig formulieren wollen**
> *Könnten Sie uns vielleicht ein paar Fragen zu der Firma ... beantworten? Wir möchten mit dieser Firma als Partner zusammenarbeiten.*
> *Wir hätten gerne ein paar Informationen zu dem Unternehmen ..., da wir ein gemeinsames Projekt planen. Könnten Sie uns da bitte weiterhelfen?*
>
> **Sie ausweichend antworten wollen**
> *Dazu kann ich leider nur ganz allgemein etwas sagen.*
> *Tut mir leid, ich kann Ihnen in diesem Fall keine weiteren Informationen geben.*
> *Ich bitte Sie um Verständnis, dass wir hier keine weiteren Auskünfte erteilen können.*
> *Genauere Informationen haben wir leider auch nicht.*
> *Wir können Ihnen hier leider nicht weiterhelfen.*
> *Vielleicht fragen Sie da besser bei ... an.*
> *Konkrete Zahlen kann ich natürlich nicht weitergeben.*

▶ 17 **B1** Lesen Sie die Einführung und die folgenden Fragen. Hören Sie dann das Gespräch zweimal und antworten Sie.

Sven Bogner, Inhaber mehrerer Lokale, möchte zusammen mit einem anderen Gastronomen ein Lokal in Magdeburg eröffnen. Bei der Inhaberin eines Geschäfts für Gastronomiebedarf, Claudia Kaltofen, möchte er zuvor noch eine Auskunft einholen.

1 Aus welcher Stadt ist Sven Bogner?

_____

2 Warum will er sein neues Lokal nur mit einem Partner eröffnen?

_____

_____

3 Warum kennt Herr Groß die Verhältnisse dort gut?

_____

4 Was rät Frau Kaltofen Herrn Bogner zunächst?

_____

_____

5 Worüber kann und will sie keine Auskunft geben?

_____

6 Warum nicht?

_____

7 Was erfährt Herr Bogner von Frau Kaltofen über Peter Groß? Ergänzen Sie.

   a Bezahlung: _____

   b Fünf Lokale wo? _____

   c Er gilt dort als _____

8 Was für eine Art Lokal will Sven in Magdeburg aufmachen?

_____

9 Was erwartet Claudia von Sven Bogner?

_____

B2 **Woran merkt man, dass sich die beiden schon gut kennen? Notieren Sie mindestens drei Punkte.**

_____

_____

_____

B3 **Was bedeutet der Ausdruck: *Er gilt als _der_ Gastronom dort?* Kreuzen Sie an.**

   a ○ Er ist einer von vielen Gastronomen dort.
   b ○ Der Gastronom dort hat viel Geld.
   c ○ Er ist der bedeutendste Gastronom dort.

B4 **Welche Anredeform ist die formellste (1), welche ist am wenigsten formell (4)? Nummerieren Sie.**

   ○ Wiederhören, Frau Steininger.   ○ Auch Ihnen noch einen schönen Tag, Tina. Tschüs.
   ○ Kann ich dich kurz stören, Tom?   ○ Guten Tag, Herr Doktor Mayer.

C1 Spielen Sie folgendes Telefonat mit Ihrem Lernpartner / Ihrer Lernpartnerin. Tauschen Sie anschließend die Rollen. Verwenden Sie die Redemittel von Seite 59.

Rolle 1

Sie sind:	Peter Groß, Gastronom aus Sachsen-Anhalt. Sie besitzen schon einige gut gehende Lokale und kürzlich ist ein Herr Bogner mit dem Vorschlag auf Sie zugekommen, etwas Bayerisches in Magdeburg aufzumachen. Sie halten das eigentlich für eine gute Idee.
Sie wollen:	noch ein paar Auskünfte (Zahlungsmoral, Zuverlässigkeit, Charakter seiner anderen Lokale usw.) über Herrn Bogner einholen, bevor Sie sich endgültig für die Zusammenarbeit entscheiden. Sie rufen bei Claudia Kaltofen von der Wopper GmbH an, mit der Sie schon lange zusammenarbeiten. Sie reden sich mit Ihren Vornamen und *Sie* an.

Rolle 2

Sie sind:	Claudia Kaltofen.
Sie bekommen:	einen Anruf von Peter Groß, der sich bei Ihnen nach Sven Bogner erkundigen will. Sie schlagen ihm zuerst vor, die Informationen über die Auskunftei Inter-Kredit zu beschaffen. Dann geben Sie ganz allgemeine Auskünfte und antworten eher ausweichend auf konkrete Fragen. Sie reden sich mit Ihren Vornamen und *Sie* an.

Termine

Wenn Sie einen Termin absagen, denken Sie daran, dass ...
– Sie eine Alternative vorschlagen.
– es höflich ist, einen Grund für die Absage zu nennen.

A

Das können Sie sagen, wenn ...

Sie einen Termin vereinbaren wollen
Passt Ihnen der zwölfte erste (= 12.1.) um zehn Uhr dreißig / halb elf (= 10.30 Uhr)?
Passt / Geht es bei Ihnen am zwölften ersten (= 12.1.) um zehn Uhr fünfundvierzig / viertel vor elf / drei viertel elf (= 10.45 Uhr)?
Wäre Ihnen (der) Mittwoch nächster Woche recht / lieber?

Sie einen Termin ändern wollen
Leider kann ich unseren Termin morgen / morgigen Termin nicht wahrnehmen / einhalten, weil (mir) etwas Unerwartetes dazwischengekommen ist.
Es tut mir leid, aber ich muss für morgen absagen. (Der) Grund ist ...
Können wir einen neuen Termin ausmachen?
Könnten wir unser Gespräch von Mittwoch auf Donnerstag verschieben?
Wäre es möglich, die Besprechung von Donnerstag auf Mittwoch vorzuverlegen?

▶ 18 **B1** **Lesen Sie die Einführung und die folgenden Sätze. Hören Sie dann das Gespräch und kreuzen Sie an.**

Claudia Behrendt von der Globus Reisebüro GmbH möchte mit der Firma Lüders & Baran Messedesign unbedingt über das neue Konzept für den Messestand von Globus auf der nächsten Berliner Reisemesse sprechen. Der Termin steht seit Langem fest. Doch Frau Behrendt ist etwas dazwischengekommen.

	richtig	falsch
1 Das Gespräch sollte ursprünglich am Donnerstag stattfinden.	○	○
2 Grund für die Terminänderung ist eine Dienstreise von Herrn von Mahrzahn.	○	○
3 Herr von Mahrzahn hat zwar zurückgemailt, aber nicht angerufen.	○	○
4 Frau Behrendt schlägt Herrn v. Mahrzahn einen neuen Termin vor.	○	○
5 Mit Dienstagvormittag ist Herr v. Mahrzahn nicht einverstanden, aber mit Mittwochnachmittag.	○	○
6 Frau Behrendt wird um 9.30 Uhr in die Agentur der Firma Lüders & Baran kommen.	○	○

▶ 18 **B2** Hören Sie den Text noch zweimal und ergänzen Sie.

1 Mir ist nämlich eine _____ Dienstreise _____ ,

   die sich leider nicht _____ lässt. Das heißt, ich muss leider _____ .

2 Ich schlage Ihnen vor, für nächste Woche einen neuen Termin _____ .

   Wie _____ ____ denn mit Dienstagvormittag um zehn? Mittwochnachmittag um

   zwei _____ auch _____ mir.

3 Nächste Woche _____ bei mir ganz schlecht _____ .

4 Und wenn wir den Termin nicht nach hinten _____ , sondern einfach _____ einen

   Tag _____ ? Das heißt _____ Donnerstag _____ diesen Mittwoch, also übermorgen?

5 Ja, das ist mir _____ . _____ Ihnen halb zehn?

B3 Welche Uhrzeit ist das? Kreuzen Sie an.

1 halb neun   ○ 8.30 / 20.30   ○ 9.30 / 21.30
2 halb eins   ○ 1.30 / 13.30   ○ 0.30 / 12.30

B4 Wie ist es mit Ihren Terminen? Führen Sie noch einen konventionellen Terminkalender
aus Papier oder verwalten Sie Ihre Termine elektronisch?

C1 Spielen Sie folgendes Telefonat mit Ihrer Lernpartnerin / Ihrem Lernpartner.
Tauschen Sie anschließend die Rollen. Verwenden Sie die Redemittel von Seite 62.

Rolle 1

Sie sind:	Sie selbst / Ihre eigene Firma.
Sie wollen:	einen Termin mit einem wichtigen Geschäftskunden ausmachen. Leider klappt der ursprüngliche Termin am Freitag, dem 14.12., um 10.30 Uhr nicht, weil die Geschäftsführung da eine wichtige Sitzung angesetzt hat. Finden Sie einen neuen Termin noch vor Weihnachten.

Rolle 2

Sie sind:	ein wichtiger Geschäftskunde.
Sie bekommen:	einen Anruf Ihres Geschäftspartners, der den ursprünglichen Termin – Freitag, 14.12., um 10.30 Uhr – ändern möchte. Lehnen Sie höflich jeden Terminvorschlag ab und schlagen Sie schließlich selbst als Gegenleistung für Ihre Bereitschaft zu dieser kurzfristigen Änderung so kurz vor Weihnachten ein Arbeitsessen in einem Luxusrestaurant vor – das Ihr Geschäftspartner bezahlt.

Reservierung – Hotelzimmer

A

Das können Sie sagen, wenn ...

Sie ein Zimmer reservieren wollen
Ich möchte gerne für Frau / Herrn ... von der
Firma ... ein Einzelzimmer / Doppelzimmer
mit Frühstück reservieren.
Ich möchte gern ein Einzelzimmer /
Doppelzimmer auf den Namen ... buchen.
Ich würde gerne drei Einzelzimmer mit Frühstück für drei Personen reservieren.
Es handelt sich um Frau ..., Herrn ... und Herrn ...

Sie die Dauer der Reservierung angeben wollen
Ich möchte das Zimmer vom 18.5. bis zum 22.5., also für 4 Nächte reservieren.
Herr ... braucht das Zimmer vom ... bis zum ..., also für ... Nächte.

Sie sagen wollen, wann der Gast ankommt bzw. abfährt
Frau ... wird erst gegen 20 Uhr ankommen. Ist das ein Problem?
Herr ... hat am Abreisetag noch einen Termin. Kann er sein Gepäck bis zu seinem
Rückflug im Hotel lassen?

Wenn Sie ein Hotelzimmer reservieren,
denken Sie daran, dass ...
– Sie dem Hotel bei der Reservierung alle wichtigen Daten übermitteln (Name des Gastes, Anreisedatum, Abreisedatum, Name und Adresse Ihrer Firma), damit der Meldeschein vom Hotel schon vorbereitet werden kann.
– bei vielen Hotels die Anreise nur bis 18 Uhr möglich ist. Eine spätere Ankunft sollten Sie ausdrücklich vereinbaren.

▶ 19 **B1** **Lesen Sie die Einführung und die folgenden Fragen. Hören Sie dann das Gespräch
und füllen Sie die Gesprächsnotiz von Frau Feder vom Hotel Pazific aus.**

Anna Livshina arbeitet bei der Firma Tecnova in Moskau. Sie ruft beim Hotel Pazific in Hamburg
an, um für einige Tage mehrere Zimmer während der Messe Hanseboot zu reservieren.

Hotel Pazifik

1 Was für Zimmer werden reserviert? Zu welchem Preis?

_____

_____

_____

_____

2 Von wann bis wann?

_____

3 Firma / Land

_____

4 E-Mail-Adresse

_____

B2 Schreiben Sie eine E-Mail an das Hotel Pazific. Bestätigen Sie Ihre Zimmerreservierung, das Datum, den Preis und nennen Sie Namen und Adresse Ihrer Firma (Tecnova, Dmitrovskoye Shosse 27, 127616 Moscow) und die Namen der Gäste (Frau Teresa Boneva und Herr Vanja Rustamov).

Sehr geehrte Damen und Herren,

hiermit _____

_____

_____

_____

_____

_____

_____

Mit freundlichen Grüßen

Anna Livshina

C1 Spielen Sie folgendes Telefonat mit Ihrer Lernpartnerin / Ihrem Lernpartner. Tauschen Sie anschließend die Rollen. Verwenden Sie die Redemittel von Seite 64.

Rolle 1

Sie sind:	Sie selbst / Ihre eigene Firma.
Sie wollen:	ein Einzelzimmer mit Frühstück in München vom 30.9. bis zum 2.10. im Hotel Waldvilla reservieren, da Sie einen dringenden Geschäftstermin haben. Sie waren schon häufiger Gast in diesem Hotel. Reservieren Sie ein Zimmer und geben Sie Ihre E-Mail-Adresse an.

Rolle 2

Sie sind:	Managerin im Hotel Waldvilla in München.
Sie bekommen:	einen Anruf von einem Gast, der schon öfter bei Ihnen gebucht hat. Er möchte vom 30.9. bis zum 2.10. ein Einzelzimmer mit Frühstück reservieren. Da zu dieser Zeit das Münchner Oktoberfest stattfindet, sind alle Einzelzimmer ausgebucht. Sie haben nur noch ein Doppelzimmer frei, das Sie in dieser Zeit eigentlich nicht zu den üblichen Koditionen (Aufpreis 10 Euro, wenn der Gast das Doppelzimmer allein benutzt) vermieten wollen. Einigen Sie sich und bestätigen Sie die Buchung per E-Mail.

Tischreservierung im Restaurant

Wenn Sie einen Tisch in einem Restaurant reservieren wollen, denken Sie daran, dass ...
– Sie Datum und genaue Uhrzeit nennen.
– Sie eventuelle Sonderwünsche (Nebenzimmer, Vegetarier, Musik ...) vorher besprechen.
– viele Restaurants ab einer bestimmten Personenzahl feste Menüs anbieten.

A

Das können Sie sagen, wenn ...

Sie einen Tisch reservieren möchten

*Wir möchten am 23.2. ... abends um
19.30 Uhr gerne einen Tisch für ... Personen reservieren.
Haben Sie am 23.2. ab 20.00 Uhr noch einen Tisch für ... Personen frei?
Wir hätten gerne einen Tisch für ... Personen am 23.2. um 20.30 Uhr. Geht das?*

Sie Fragen oder Sonderwünsche haben

*Haben Sie einen ruhigen Tisch / ein ruhiges Nebenzimmer?
Haben Sie auch eine Auswahl für Vegetarier?
Wir hätten gerne etwas Musik.*

▶ 20 **B1** **Lesen Sie die Einführung und die folgenden Sätze. Hören Sie dann das Gespräch und kreuzen Sie an.**

Anna Livshina von der Firma Tecnova möchte im Restaurant Das Blaue Haus in Hamburg einen Tisch reservieren.

	richtig	falsch
1 In Hamburg regnet es.	○	○
2 Frau Livshina möchte zuerst einen Tisch am 30.6. reservieren.	○	○
3 Herr Kampe kann zum gewünschten Datum mittags um halb zwölf noch einen Tisch anbieten.	○	○
4 Am nächsten Tag gibt es noch einen Tisch um halb acht im Nebenraum.	○	○

▶ 20 **B2** **Hören Sie das Gespräch noch einmal und notieren Sie Datum, Uhrzeit und Personenanzahl der Tischreservierung.**

C1 Spielen Sie folgendes Telefonat mit Ihrer Lernpartnerin / Ihrem Lernpartner.
Tauschen Sie anschließend die Rollen. Verwenden Sie die Redemittel von Seite 66.

Rolle 1

Sie sind:	Elena Golova von der Sweda-Press in St. Petersburg. Ihre Firma hat jedes Jahr einen Stand bei der Frankfurter Buchmesse im Oktober.
Sie wollen:	einen Tisch für acht Personen im Restaurant Binder am Goethehaus buchen, da Ihr Geschäftsführer beschlossen hat, in diesem Jahr dort einige Geschäftsfreunde zu bewirten. Sie wollen den Tisch am 12.10. für 18.30 Uhr reservieren. Bitten Sie um eine Bestätigung der Reservierung per E-Mail.

Rolle 2

Sie sind:	der Geschäftsführer im Restaurant Binder am Goethehaus.
Sie bekommen:	einen Anruf aus St. Petersburg. Sie haben an dem gewünschten Tag um die gewünschte Uhrzeit keinen Tisch mehr frei. Sie können entweder einen Tisch mittags um 12.30 Uhr oder erst um 20.30 Uhr anbieten. Einigen Sie sich und fragen Sie nach der E-Mail-Adresse.

Lektion 1

▶1 ▲ Modeverband Deutschland, guten Tag. Wie kann ich Ihnen helfen?

■ Guten Tag, Firma Erretre aus Milano. Ich rufe Sie an, weil ... wir sind an Adressen von Modefirmen in Deutschland interessiert.

▲ Sie suchen Kontakt zu deutschen Modefirmen?

■ Ja, Adressen von Modefirmen in Deutschland.

▲ Wissen Sie schon, in welchem Teil von Deutschland Sie suchen? Im Norden, in der Mitte oder eher im Süden?

■ Ich glaube, die meisten Modefirmen gibt es in der Mitte, vor allem im Ruhrgebiet.

▲ Einen Moment bitte. Ich verbinde Sie.

■ Vielen Dank.

▲ ...

● Modeverband Deutschland, Assmann. Guten Tag.

■ Guten Tag, Herr Assmann. Firma Erretre aus Milano, mein Name ist Bonato. Ich rufe Sie an, weil wir an Adressen von Modefirmen in Deutschland interessiert sind. Bin ich da bei Ihnen richtig?

● Ja, die Adressen habe ich hier.

■ Ah ja.

● Worum geht es denn genau?

■ Ja, also, wir machen Modedesign für den europäischen Markt – und jetzt möchten wir gerne auch mit Firmen in Deutschland Kontakt aufnehmen. Am liebsten wäre uns die Gegend um Düsseldorf. Dort gibt es ja ziemlich viele Modefirmen.

● Da haben Sie recht. Nun, ich sehe hier verschiedene Möglichkeiten. Sie können beispielsweise direkt mit den Firmen Kontakt aufnehmen. Das ist die eine Möglichkeit. Die andere ist, dass Sie sich an einen Repräsentanten wenden, also über eine Vertretung direkt vor Ort in Deutschland, und so den Kontakt zu den Firmen herstellen.

■ Hm ... was ist denn besser, Ihrer Meinung nach?

● Tja, also das kommt ganz darauf an, was Sie wollen. Wenn Sie sich nur für die großen Firmen interessieren, dann kann ich Ihnen die Adressen geben – und Sie setzen sich dann selbst mit denen in Verbindung. Bei mittleren oder kleinen Unternehmen gehen Sie besser über eine Vertretung. Die sind vor Ort, die kennen sich aus und die haben auch die richtigen Kontakte.

■ Aha. Hätten Sie denn auch eine Liste mit Namen und Adressen ... äh ... von den Vertretungen?

● Ja, die Adressen haben wir hier.

■ Das ist gut. Wir sind nämlich in erster Linie an mittelständischen Firmen interessiert. Könnten Sie mir die Liste vielleicht zuschicken?

● Natürlich. Gern. Soll ich Ihnen die Liste per E-Mail schicken?

■ Das wäre natürlich prima!

● Dann geben Sie mir doch bitte Ihre Mail-Adresse.

■ Gerne. Haben Sie etwas zum Schreiben?

● Einen Moment ... so ...

■ Also das ist bonato: b – o – n – a – t – o ...

● ... b – o – n – a – t – o ...

■ Ja, ... bonato at erretre: e – r – r – e – t – r – e.

● ... at e – r – r – e – t – r – e ... also erretre.

■ Ja. Und dann Punkt com.

● ... Punkt ... com. Also noch einmal: ... bonato at erretre Punkt com.

■ Genau. Und alles klein geschrieben.

● Gut, Herr Bonato. Ich schicke die Liste noch heute an Sie ab.

■ Das ist sehr nett. Dann danke ich Ihnen für die Auskunft und schon vorab für die Liste ...

● Gern geschehen. Und viel Erfolg!

■ Danke. Auf Wiederhören.

● Wiederhören.

Lektion 2

▶ 2 ▲ Firma Müssig & Co, Sie sprechen mit Frau Franke. Was kann ich für Sie tun?

■ Guten Tag, mein Name ist Bovary, vom Weinhaus Dubœuf in Beaune, in Frankreich.

▲ Guten Tag.

■ Wir interessieren uns für Ihre Korkenzieher. Könnten Sie mich bitte mit der zuständigen Abteilung verbinden?

▲ Moment ... das ist die Bestellannahme, Frau Kampe.

■ Entschuldigen Sie, könnten Sie den Namen noch einmal wiederholen?

▲ Gern. Das ist Frau Kampe. Soll ich Sie verbinden?

■ Das wäre nett, danke.

▲ Einen Moment bitte, ich verbinde Sie weiter. ...

● Kampe, Bestellannahme.

■ Guten Tag, Frau Kampe, mein Name ist Bovary, vom Weinhaus Dubœuf in Beaune, in Frankreich.

● Guten Tag.

■ Wir interessieren uns für den Korkenzieher, den Sie herstellen.

● Welchen meinen Sie, bitte? Wir haben da ganz verschiedene Modelle im Angebot.

■ Ja, also ... es geht um das Modell ... es war in einer Anzeige in Gourmet, der Zeitschrift, im letzten Monat ... mit einem Foto ... und hier steht nur: Korkenzieher aus Edelstahl für den echten Weinkenner.

● Ja, genau. Das ist unser Spitzenmodell, mit einer sehr schönen Form, etwas rund oben.

■ Ja, das ist er. Den meine ich. – Also, wir stellen Wein her ... und wir möchten diesen Korkenzieher allen unseren Kunden zu unserem 100-jährigen Firmenjubiläum schenken. Es soll ein schönes Geschenk sein und auch von sehr guter Qualität.

● Da ist dieses Modell genau das Richtige für Sie. Edelstahl, sehr gute Verarbeitung ... und die Spirale ist elastisch, damit kann man auch einen alten Korken ohne Problem herausziehen.

■ Mhm.

● Gerade eine gute Flasche will man ja ganz vorsichtig öffnen, ohne dass Korkreste bleiben.

■ Ja, das ist immer ärgerlich ...

● Durch die runde Form liegt er gut in der Hand, da kann überhaupt nichts passieren ... eigentlich ist es ein Produkt für Profis. Wir beliefern viele exklusive Restaurants damit.

■ Sehr schön. Das klingt interessant. Und äh ... was ist der Preis ... was kostet der Korkenzieher? Wir würden eine größere Stückzahl nehmen, wenn wir ihn kaufen.

● Das hängt ganz von der Stückzahl ab. Der Einzelpreis liegt bei 14 Euro plus Mehrwertsteuer. Wie viele brauchen Sie denn ungefähr?

■ So zwischen 200 und 300.

● Ja, da haben wir ein spezielles Großkundenangebot. Also ... bei 200 Stück ist der Preis 11 Euro ... und bei 300 Stück 8 Euro, jeweils plus Mehrwertsteuer natürlich.

■ ... 11 ... und 8 ... Können Sie mir das schriftlich bestätigen, bitte?

● Ja, kein Problem. Am besten schicke ich Ihnen unseren Katalog für Großkunden. Da steht alles drin. Preise, auch der Rabatt je nach Stückzahl und die Lieferbedingungen.

■ Ja, danke ... Es ist allerdings sehr wichtig, äh, sehr eilig. Wir brauchen das Angebot noch diese Woche ...

● Kein Problem. Ich kann Ihnen die Unterlagen heute noch zuschicken. Und wenn es eilig ist, dann am besten per Express.

■ Danke, das ist sehr nett.

● Sagen Sie mir noch bitte Namen und Adresse?

■ Ja ... also das ist Paul Dubœuf S. A., 12 rue de ville in ...

● Äh, tut mir leid, würden Sie das bitte buchstabieren?

- ■ Ja, natürlich, Entschuldigung. Also das erste Wort ist Paul wie ... Paula ... Anton ... Ulrich ... Ludwig.
- ● Ja ...
- ■ Dann, zweites Wort Dubœuf ... Dora ... Ulrich ... Berta ... Otto ... Emil ... Ulrich ... Friedrich, danach großes S Punkt, großes A Punkt, also Samuel Punkt ... Anton Punkt ...
- ● Okay ...
- ■ Die Straße ist 12 ... rue de ville, also Richard ... Ulrich ... Emil ..., zweites Wort Dora ... Emil ..., und dann Viktor ... Ida ... Ludwig ... Ludwig ... Emil ...
- ● ... Ludwig ... Emil ... ja?
- ■ In 21 ... 200 ... Beaune ... Berta ... Emil ... Anton ... Ulrich ... Nordpol ... Emil ... in Frankreich.
- ● Frankreich ... Gut, jetzt hab' ich alles. Ich schick' Ihnen die Unterlagen gleich heute noch zu. Und wenn Sie dann noch Fragen haben, rufen Sie mich bitte an.
- ■ Vielen Dank, das ist wirklich sehr nett. Auf Wiederhören.
- ● Danke für Ihren Anruf. Wiederhören.

Lektion 3
- ▶ 3 ▲ Thompson Motorkomponenten, Cornelius, guten Tag.
- ■ Guten Tag, mein Name ist Rowe, Lester AG in Rorbas. Ich hätte gern Herrn Heller gesprochen.
- ▲ Tut mir leid, Herr Heller ist gerade in einer Besprechung. Kann ich Ihnen vielleicht weiterhelfen?
- ■ Ja, also, es geht um ein Angebot von Ihnen, und zwar über ...
- ▶ 4 ▲ Thompson Motorkomponenten, Cornelius, guten Tag.
- ■ Guten Tag, mein Name ist Rowe, Lester AG in Rorbas. Ich hätte gern Herrn Heller gesprochen.
- ▲ Tut mir leid, Herr Heller ist gerade in einer Besprechung. Kann ich Ihnen vielleicht weiterhelfen?

- ■ Ja, also, es geht um ein Angebot von Ihnen, und zwar über Kolben und Leichtmetallzylinder, vom 17. April. Hier steht: Die Lieferzeit beträgt vier Wochen. Wenn ich jetzt die Teile telefonisch bestelle, könnten Sie dann eventuell schon in zwei Wochen liefern? Es ist nämlich ziemlich eilig ...
- ▲ Tja, das kann ich Ihnen nicht sagen. Das hängt vor allem davon ab, wie viel wir noch auf Lager haben. Und dafür ist bei uns Herr Heller zuständig. Der kümmert sich auch um die Auslieferung und die Transportrouten.
- ■ Hm ...
- ▲ Ich weiß leider überhaupt nicht, wie lange die Besprechung von Herrn Heller noch dauern wird ... Kann er Sie vielleicht zurückrufen?
- ■ Ja, das wäre sehr nett. Es ist aber wirklich dringend. Ich bin heute auf jeden Fall bis 18 Uhr erreichbar. Glauben Sie, dass er mich bis dahin anrufen kann?
- ▲ Ja, ich denke schon. Ich schreibe gleich eine Notiz, dass er Sie bis 18 Uhr zurückrufen soll und bringe sie ihm in den Konferenzraum. Dann weiß er Bescheid. Wie war bitte noch mal Ihr Name?
- ■ Rowe ... von der Lester AG.
- ▲ ... Lester AG. Und unter welcher Nummer sind Sie erreichbar?
- ■ Also, da ist zuerst die Vorwahl für die Schweiz ... das müsste von Deutschland aus die 0 – 0 – 4 – 1 sein ... dann 1 – 1 – 6 – 8 – 0 – 5 ... 34. 34 ist meine Durchwahl.
- ▲ 0 – 0 – 4 – 1 dann 1 – 1 – 6 – 8 – 0 – 5 Durchwahl 34.
- ■ Genau.
- ▲ Gut, Herr Rowe, ich werde mich darum kümmern. Ich gebe die Notiz gleich an Herrn Heller weiter. Er ruft Sie dann so bald wie möglich zurück, vor 18 Uhr, das habe ich dick unterstrichen.
- ■ Vielen Dank, das ist sehr nett. Auf Wiederhören.
- ▲ Wiederhören.

▶ 5 1 Das ist die Nummer 0 – 0 – 4 – 3 … für
Österreich … 1 – 61 – 14 – 447, die Durchwahl
ist 12.

2 Die Nummer ist 0 – 0 – 4 – 9 … für
Deutschland … 3 – 0 – 4 – 2 – 7 – 6 – 8,
Nebenstelle 33.

3 Herr Franke hat die Nummer 56 – 80 – 13 – 30,
seine Durchwahl ist 17.

4 Die Nummer unserer Filiale in Paris ist 0 – 0 –
3 – 3 … für Frankreich … 1 … für Paris … und
dann 4 – 5 – 6 – 7 – 8 – 3 – 0 – 1.

5 Frau Funkes Nummer ist 81 – 15 – 50 – 65,
ihre Durchwahl ist 13.

Lektion 4

▶ 6 ▲ Laborgerätebörse, Brummer.

■ Guten Tag, Frau Brummer. Hier ist Stahl.

▲ Ach, guten Tag, Herr Stahl. Wie geht es Ihnen?

■ Naja, es geht so. Zurzeit haben wir dermaßen
viel zu tun. Quartalsende und so weiter … Sie
wissen ja, da geht's bei uns immer rund.

▲ Tja, bei uns sieht es ganz ähnlich aus. Allerdings lass' ich mich davon jetzt nicht mehr
verrückt machen. Ab übermorgen hab' ich
zwei Wochen Urlaub.

■ Urlaub! Haben Sie's gut! Das könnte ich jetzt
auch gut gebrauchen. Fahren Sie denn weg?

▲ Ja, schon, nach Spanien.

■ Toll!

▲ Genauer, nach Sevilla, mit dem Flugzeug. Da
wollte ich schon lange mal hin. Und jetzt ist
die Zeit günstig. Die Hauptsaison ist ja vorbei,
also gibt es dort nicht mehr so viele Touristen.

■ Hoffentlich spielt das Wetter mit.

▲ Ach, ich denke schon. Zurzeit soll es dort noch
angenehm warm sein, so um die 25 Grad,
habe ich heute in der Zeitung gelesen.

■ Hm, da kann man ja richtig neidisch werden
… gerade jetzt, wo es bei uns so nasskalt und
scheußlich ist.

▲ Ja, genau deshalb freue ich mich ja so auf
die Sonne da unten.

■ Tja, also, weshalb ich Sie eigentlich anrufe
… wir haben hier vorgestern Ihr Schreiben
bekommen … diesen Werbebrief … mit dem
Sonderkatalog für Herbst …

▲ Ja?

■ Jetzt stehen aber keine Preise dabei …

▲ Die Preisliste müsste eigentlich drin sein …

■ Nein, also ich habe keine gefunden.

▲ Das tut mir leid. Vielleicht ist da was beim
Versand schiefgelaufen. Ich schick' Ihnen
gleich die Liste zu.

■ Ja, danke, das wäre nett. Dann haben wir
nämlich alles komplett. Sehr wahrscheinlich
werden wir das eine oder andere wieder bei
Ihnen bestellen.

▲ Das freut mich. Wenn Sie noch dringend etwas brauchen, dann sprechen Sie einfach mit
meiner Kollegin, Frau Kröger. Das ist meine
Vertretung in den nächsten zwei Wochen. Sie
weiß über alles Bescheid.

■ Frau Kröger, okay … tja, dann vielen Dank …
und einen schönen Urlaub!

▲ Danke.

■ Tschüs, Frau Brummer.

▲ Tschüs.

Lektion 5

▶ 7 ▲ Andergast.

■ Einen schönen guten Morgen, Herr Andergast.
Mein Name ist Lochner, Marketingabteilung
von Speckner Fleischwaren in Schweinfurt.
Man hat mich mit Ihnen verbunden, weil …
also man hat mir gesagt, dass Sie für den
Speiseplan in Ihrem Haus zuständig sind.

▲ Ja …

■ Hätten Sie vielleicht gerade zwei Minuten
Zeit?

▲ Ja, also … worum geht es denn?

■ Vielleicht erinnern Sie sich. Wir sind einer der führenden Hersteller von Fleischkonserven. Unsere Sonderaktion bietet Großkunden wie Ihnen zurzeit besonders günstige Konditionen. Dabei können Sie eine Menge sparen. Allerdings müssen Sie sich schnell entscheiden. Die Aktion läuft nämlich schon in wenigen Wochen aus.

▲ Tja, ich ...

■ Ich hatte Ihnen ja vor etwa einem Monat unsere Liste mit den Aktionspreisen zugeschickt. Sie erinnern sich bestimmt, darauf sind alle Produkte, die speziell auch bei Senioren beliebt sind.

▲ Ja, wissen Sie ...

■ Wir haben eine ganze Menge Kunden unter den Seniorenheimen. Ältere Menschen mögen ja vor allem fettarme und leichte Kost. Darauf haben wir bei unserer Aktion besonderen Wert gelegt.

▲ Ja, also die Liste habe ich mir schon angesehen ...

■ Sehr schön.

▲ ... und die Preise sind auch recht günstig ... aber die Sache ist die: Unsere Heimbewohner essen ziemlich wenig Fleisch, immer weniger eigentlich in den letzten Monaten. Vielleicht liegt es an den Fleischskandalen. Das lesen sie ja jeden Tag in der Zeitung.

■ Ja, selbstverständlich, daran haben wir auch schon gedacht. Die Leute werden eben immer gesundheitsbewusster. Exzellente Qualität ist ganz wichtig. Das können wir Ihnen natürlich garantieren. Vor allem unser Truthahnfleisch kommt bei älteren Herrschaften sehr gut an. Fettarm, leicht verdaulich, magenfreundlich. Am besten schicke ich Ihnen mal eine Gratisprobe davon zu. Dann können sich Ihre Heimbewohner persönlich von unserer Spitzenqualität überzeugen. Wie viele Bewohner sind es denn?

▲ 70.

■ Gut, dann lasse ich Ihnen 100 Dosen gratis und unverbindlich zuschicken. Spätestens in drei Tagen haben Sie die Ware. Ich melde mich nächste Woche wieder bei Ihnen. Ist das okay?

▲ Naja, wenn Sie meinen ...

■ Fein, Herr Andergast, dann vielen Dank erstmal und bis nächste Woche. Auf Wiederhören.

▲ Wiederhören.

Lektion 6

▶ 8 ● Asia-Sport, Frische, guten Tag.

■ Guten Tag. Hier ist Panadero. Ich rufe aus Sevilla an. Würden Sie mich bitte mit Herrn Möllemann verbinden?

● Entschuldigung, ich kann Sie nur schlecht verstehen. Wen möchten Sie sprechen?

■ Herrn Möllemann bitte, vom Vertrieb.

● Ah, Herrn Möllemann. Und wie war noch mal Ihr Name?

■ Panadero, von Aventura Sportartikel in Sevilla.

● Einen Moment bitte, ich verbinde. ... Hören Sie bitte, Herr Möllemann spricht gerade. Möchten Sie kurz warten oder soll Sie Herr Möllemann zurück ... ah, jetzt ist die Leitung frei. Ich verbinde gleich noch mal.

■ Vielen Dank. ...

▲ Möllemann.

■ Guten Tag, Herr Möllemann. Hier ist Panadero.

▲ Guten Tag, Frau Panadero.

■ Ich habe Ihnen vorhin die Bestellung geschickt, Bälle und Handschuhe.

▲ Genau. Ich habe das hier ... Handbälle, Basketbälle und Fitness-Handschuhe.

■ Ja. Da ist mir leider ein kleiner Fehler passiert, und zwar bei den Handschuhen. Ich habe nämlich die falsche Bestellnummer angegeben, die Nummer 10 76. Das sind die Handschuhe in Schwarz-weiß-grau. Wir möchten sie in Schwarz-pink-violett, und das ist die Nummer 10 77. Ist es vielleicht möglich, die Nummer noch zu ändern?

▲ Da haben Sie aber Glück, ich wollte Ihre Bestellung gerade bearbeiten. Wie war noch mal die alte Bestellnummer?

■ 10 76.

▲ Also ... 10 76 ... richtig, das sind die Handschuhe in Schwarz-weiß-grau ...

■ Ich würde gerne dieselbe Menge in Schwarz-pink-violett bestellen, Nummer 10 77.

▲ Ja, ja, ich habe Sie schon verstanden. Ich sehe gerade im Computer nach ... 10 77 ... na los ... mein Gott, das Programm ist dermaßen langsam ... so, also hier ist es ... Fitness-Handschuhe, Bestellnummer 10 77 ... ja, das geht. Wir haben noch 160 Paar auf Lager. Wie war noch mal die Menge, die Sie möchten?

■ 150 Paar.

▲ Na schön, ich korrigiere das gleich im Computer. – Gut, dass Sie gleich angerufen haben, sonst wäre das mit der Änderung nicht so einfach gewesen.

■ Das ist sehr nett, dass Sie sich gleich darum gekümmert haben.

▲ Ja, ja, schon gut. Also dann ...

■ Vielen Dank, Herr Möllemann, und auf Wiederhören.

▲ Wiederhören.

Lektion 7

▶ 9 ▲ Atlant Baumaschinen-Vermietung, Emmerich.

■ Guten Tag, Frau Emmerich, Renate Dross von der Firma Hinz am Apparat.

▲ Ah, Frau Dross, guten Morgen. Wie geht's?

■ Naja, nicht besonders. Hier ist zurzeit der Teufel los. Die Reider-Pleite wirbelt uns ganz schön durcheinander.

▲ Ja, ich hab's heute Morgen in der Zeitung gelesen. Das ist schon ein Skandal, was da passiert ist.

■ Tja, und das Schlimmste ist, dass es nicht nur den Reider trifft. Auch viele andere in der Branche kommen dadurch in Schwierigkeiten – leider auch wir.

▲ Hm, der Reider ist ja auch eine Riesenfirma. Also ich kann nicht verstehen, dass die Banken nicht besser kontrollieren. Bei den Schulden, die sich da im Laufe der Jahre angesammelt haben. Die hätten doch was merken müssen.

■ Ganz genau, so was geht ja nicht von heute auf morgen. Für uns wird es jedenfalls nichts mehr mit dem Bürohaus-Projekt in Dresden. Das ist auch der Grund, weshalb ich Sie anrufe. Wir hatten doch für Dresden drei Bagger bei Ihnen angemietet.

▲ Ja genau, ich erinnere mich.

■ Tja, und nun brauchen wir die nicht mehr. Ist es denn möglich, dass wir die Bestellung stornieren? Wir sind natürlich ziemlich spät dran, ich weiß.

▲ Augenblick bitte, ich seh' gleich mal in die Auftragsliste ... hier ... genau. Also Sie hätten die Bagger ab der nächsten Woche gebraucht, und zwar für insgesamt 14 Tage.

■ Ja. Wie gesagt, unsere Absage ist eigentlich zu spät. Aber wir haben erst heute Morgen davon erfahren. Und wir arbeiten ja sehr häufig mit Ihnen zusammen. In den anderen Fällen hat ja immer alles prima geklappt.

▲ Ich versteh schon, bloß kann ich das nicht entscheiden. Das muss ich meinem Chef vorlegen.

■ Ja, das ist klar. Aber wenn Sie ihm die Sache erklären könnten, da wäre uns schon viel geholfen. Und wir arbeiten auch in Zukunft noch oft mit Ihnen zusammen. Das ist sicher.

▲ Gut, Frau Dross, ich werde mich auf jeden Fall darum kümmern. Ich spreche gleich heute mit ihm und gebe Ihnen dann Bescheid, ja?

■ Ach, das ist sehr nett von Ihnen, vielen Dank!

▲ Gern geschehen. Also, ich melde mich dann wieder bei Ihnen, sobald ich etwas weiß. Wenn es heute nicht mehr klappt: Wann sind Sie denn morgen früh am besten erreichbar?

- ■ Ab halb neun. Nur zwischen 11 und 12 bin ich schlecht zu erreichen.
- ▲ Alles klar. Bis dahin tschüs, und nicht zu nervös werden!
- ■ Ja, tschüs, Frau Emmerich. Und nochmals vielen Dank!

Lektion 8

▶ 10
- ▲ Besser Reisen, Einkaufsabteilung. Sie sprechen mit Jennifer Hansen, guten Tag.
- ■ Guten Tag, Frau Hansen, hier spricht Jürgen Peters, Ohlmüller KG. Wie geht's Ihnen?
- ▲ Danke, gut. Wie immer, wenn man im Urlaub war. Und selbst?
- ■ Danke, ich kann nicht klagen. – Frau Hansen, es geht um die Rechnung für die zehn Busse, die Ihre Firma bei uns bestellt hat.
- ▲ Die hab ich hier liegen, aber noch gar nicht geöffnet, da ich erst seit heute wieder hier bin. Stimmt denn etwas nicht?
- ■ Nun, uns ist da ein blöder Fehler unterlaufen, und ich wollte es Ihnen persönlich sagen. Es handelt sich um den Kaufpreis: Wir hatten ja gesagt, für die zehn Busse 490.000 Euro.
- ▲ Ganz richtig, 490.000 Euro. So steht's auch hier auf der Rechnung.
- ■ Ja, aber es war abgemacht: 490.000 inklusive Klimaanlage. So steht es im Vertrag. Wir haben aber die Klimaanlagen extra berechnet.
- ▲ Einen Augenblick bitte … Kaufvertrag … hier. Tatsächlich, Sie haben völlig recht, hier steht es ja. 10 Busse jeweils inklusive Klimaanlage für 490.000.
- ■ Ja also … ich war selbst ganz erstaunt, wie uns das passieren konnte. Ich habe mir gedacht, ich informiere Sie besser selbst, bevor Sie sich melden.
- ▲ Nun, das ist alles nicht so schlimm. Wir haben die Rechnung ja noch nicht bezahlt.
- ■ Trotzdem ist mir die ganze Sache wirklich peinlich. Sie bekommen die Busse natürlich ohne Aufpreis mit Klimaanlage. Ich schicke Ihnen sofort eine neue Rechnung zu. – Es gibt aber noch ein zweites Problem, über das ich mit Ihnen sprechen wollte, nämlich der Liefertermin. Auf der Rechnung steht: Lieferung im Oktober, nicht September, wie im Vertrag. Vielleicht haben Sie davon gehört, bei uns gab es einen längeren Streik in der Metallindustrie. Da ist – nicht nur bei uns – die Produktion ziemlich in Rückstand geraten.
- ▲ Sie können also nicht im September liefern?
- ■ So, wie es zurzeit aussieht, wohl nicht. Ich sehe gerade: Im Vertrag steht zwar September als Termin, aber ausdrücklich mit dem Zusatz „voraussichtlich".
- ▲ Also wird es Oktober.
- ■ Ja, sehr wahrscheinlich.
- ▲ Den Oktober müssen Sie uns aber garantieren. Wir kommen sonst in große Schwierigkeiten.
- ■ Ja, das kann ich Ihnen fest zusagen. Es wird zwar sehr knapp für uns, aber wir schaffen das schon. Ich werde mich persönlich darum kümmern.
- ▲ Gut.
- ■ Ich hoffe, Sie sind uns wegen der Panne mit der Rechnung und der Lieferverzögerung nicht allzu böse.
- ▲ Nein, nein. Im Gegenteil, ich danke Ihnen, dass Sie uns von sich aus Bescheid gesagt haben.
- ■ Wiederhören, Frau Hansen.
- ▲ Auf Wiederhören, Herr Peters.

Lektion 9

▶ 11 ● Asia-Sport, Frische, guten Tag.

■ Guten Tag. Mein Name ist Mercedes Panadero. Würden Sie mich bitte mit der Buchhaltung verbinden?

● Einen Augenblick, bitte. ...

▲ Michaela Heller.

■ Guten Tag. Mercedes Panadero, von Aventura Sportartikel in Sevilla. Ich rufe Sie an wegen Ihrer Rechnung. Irgendwas stimmt damit nicht.

▲ Wirklich? Da seh ich gleich mal nach. Sagen Sie mir bitte Ihre Kundennummer?

■ Ja, das ist die ... EA 23 34 56.

▲ Und die Rechnungsnummer?

■ 12 Strich 65 95 42.

▲ Hier ist es schon ... 150 Paar Handschuhe, 300 Handbälle, 200 Basketbälle.

■ Das mit den Handbällen und Basketbällen stimmt, aber die Handschuhe, die haben wir nicht bestellt und auch nicht bekommen.

▲ Das ist aber komisch. Hier steht: 150 Paar Fitness-Handschuhe, Bestellnummer 10 77, Farbe Schwarz-pink-violett.

■ Ja genau. Da gab es ein kleines Problem: Wir hatten erst Handschuhe bestellt, dann war es aber die falsche Farbe. Und dann haben wir gesehen, dass wir doch noch ziemlich viel auf Lager hatten. Das war unser Fehler.

▲ Aha.

■ Ja, und dann habe ich die Bestellung der Handschuhe storniert, und zwar am 20.11. Herr Möllemann hat mir das noch am selben Tag bestätigt. Er hat dazugeschrieben, dass das in Ordnung geht. Das war alles am 20. November.

▲ Tja, vielleicht ist die Stornierung nicht rechtzeitig zu uns in die Buchhaltung gekommen ...

■ ... Mmh ...

▲ ... Augenblick, ich seh' mal bei den Lieferscheinen nach ... hier ... 300 Handbälle, 200 Basket... stimmt, von Handschuhen steht hier nichts. Ach, und da ist ja auch die Kopie von Herrn Möllemann. Also da sind die Unterlagen erst zu uns gekommen, als die Rechnung schon draußen war. Das tut mir leid.

▲ Das macht nichts. Es war ja auch ein bisschen kompliziert mit unserer Bestellung, den Farben und so weiter. Was soll ich denn jetzt machen? Soll ich den Betrag für die Handschuhe einfach abziehen und den Rest überweisen?

▲ Nein, das brauchen Sie nicht. Es ist am besten, ich storniere ganz einfach die Rechnung und schicke Ihnen eine neue, ohne die Handschuhe. Damit's nicht noch mal schiefgeht.

■ Mmh, mmh, das ist sicher die beste Lösung.

▲ Gut, dann verbleiben wir so: eine neue Rechnung ohne die Handschuhe. Ich schicke sie heute noch raus. Die haben Sie dann in den nächsten Tagen. Und die alte werfen Sie einfach in den Papierkorb.

■ Alles klar, dann vielen Dank für Ihre Mühe!

▲ Gern geschehen.

■ Auf Wiederhören.

▲ Wiederhören.

Lektion 10

▶ 12 ■ Santini-Export, Carla Benedetti, guten Tag.

▲ Guten Tag, hier ist Wolfgang Jonas von der Allkauf GmbH in Frankfurt. Frau Benedetti, ich rufe Sie wegen der Lieferung an, auf die wir immer noch warten.

■ Also ... wir haben da ein Problem. Sie haben doch sicher von den Überschwemmungen in Italien gehört.

▲ Ja, gestern in den Nachrichten.

■ Hier in Piacenza ist es besonders schlimm. Auch unsere Firma steht unter Wasser. Alles schwimmt.

▲ Das klingt ja gar nicht gut. Hat sich denn die Lage schon gebessert?

■ Kaum. Der Regen hat erst heute Morgen auf-
gehört. Unsere Lager sind fast alle zerstört.
Ich wollte Sie deshalb auch schon anrufen.
Wir können leider nicht pünktlich liefern, was
Sie bestellt haben. Wir sind da völlig macht-
los. Das ist höhere Gewalt.

▲ Tja ... also bitte verstehen Sie mich nicht
falsch. Es tut mir natürlich sehr leid, was
Ihnen da passiert ist. Aber wenn Sie nicht liefern können, entstehen natürlich auch für uns
enorme Probleme. Laut Vertrag sollten Sie ja
die Ware bis Ende August komplett liefern.

■ Ich weiß. Es ist mir wirklich unangenehm, aber
was soll ich denn dagegen tun?

▲ Schon klar, aber wir haben natürlich auch
Verpflichtungen gegenüber unseren Kunden.
Wie groß sind denn die Chancen ... also ab
wann können Sie denn Ihrer Meinung nach
wieder liefern?

■ Hm, genau kann ich es nicht sagen. Der Regen
hat aufgehört und ich denke, ab heute können
wir mit dem Aufräumen anfangen.

▲ Es wird also noch länger dauern ... und so
kurzfristig kriegen wir das Gemüse auch von
keinem anderen Lieferanten ...

■ Wissen Sie, wir wollen Sie ja nicht als Kunden
verlieren. Und ich glaube auch, dass wir schon
bald wieder liefern können ... so in zwei, drei
Wochen vielleicht. Nächste Woche kann ich
sicher schon mehr sagen.

▲ Ich muss Sie auf jeden Fall bitten, dass Sie
mich auf dem Laufenden halten. Ihre Firma
will ja sicher auch in Zukunft mit uns zusammenarbeiten.

■ Ja, natürlich. Nächste Woche haben wir einen
Überblick, auch über die Menge, die wir schon
vor dem Regen in Sicherheit gebracht haben.

▲ Gut, mit zwei Wochen Verzögerung können
wir gerade noch leben. Wir müssen ja auch
planen. Aber man sollte dann noch einmal
über den Preis reden. Vielleicht können Sie
uns da ja ein Stück weit entgegenkommen.

■ Ja, ich melde mich wieder bei Ihnen, so früh
wie möglich, spätestens am Dienstag.

▲ In Ordnung. Also dann bis nächste Woche,
und alles Gute!

■ Danke. Auf Wiederhören.

▲ Wiederhören.

Lektion 11

▶ 13 ▲ Bergmann GmbH, Zeck.

■ Guten Tag, Frau Zeck. Hier spricht Bergström,
von APP in Köln. Wir haben vor ein paar
Wochen schon mal miteinander telefoniert.

▲ Ja, natürlich, Tag, Herr Bergström. Was kann
ich für Sie tun?

■ Tja, der Grund, warum ich Sie heute anrufe,
ist leider nicht sehr angenehm.

▲ Oh je ...

■ Wir haben Ihre Lieferung kontrolliert und fest-
gestellt, dass die Menge nicht stimmt. Und die
Größe auch nicht.

▲ Das ist ja wirklich ärgerlich. Gut, dass Sie
mich gleich angerufen haben. Um welche Teile
geht es denn?

■ Um die Dichtungen vom Typ AB 40. Da hatten
wir ja gesagt: 46 Stück, und zwar in Größe 9.

▲ Mmh ... Moment, ich habe jetzt Ihre Bestellung auf dem Bildschirm. 46 Stück, AB 40,
Größe 9 ... Sie haben völlig recht, Herr Bergström. So steht es hier auch. Und was haben
Sie bekommen?

■ 36 Stück in Größe 8. Der Typ war zwar okay,
aber das war das Einzige.

▲ Das tut mir wirklich leid. Ich weiß im Moment
leider auch nicht, wie das passieren konnte.

■ Ohne die richtigen Teile kommen wir in
ziemliche Schwierigkeiten. Sie können sich ja
vorstellen, wenn es zu Verzögerungen bei der
Produktion kommt, kriegen wir Ärger mit den
Kunden.

▲ Natürlich, das verstehe ich. Ich meine, gerade von uns können Sie erwarten, das heißt, müssen Sie erwarten können, dass alles klappt. Der Fehler liegt bei uns, Herr Bergström, ganz klar. Und ich, tja, ich möchte mich persönlich bei Ihnen entschuldigen.

■ Schon gut. Können wir denn so schnell wie möglich die richtigen Teile bekommen?

▲ Auf jeden Fall, Herr Bergström. Ich werde mich sofort darum kümmern. Die Lieferung geht heute noch an Sie raus. Ich schicke alles per Express, dann haben Sie die Ware schon morgen.

■ Gut, vielen Dank.

▲ Ich danke Ihnen.

■ Wiederhören.

▲ Wiederhören, Herr Bergström.

Lektion 12

▶ 14 ▲ Earthwind Recycling, Margarethe Zaun, guten Tag. Leider bin ich im Moment nicht an meinem Arbeitsplatz. Sie können mir jedoch nach dem Signalton gerne eine Nachricht aufs Band sprechen. Ich rufe Sie dann umgehend zurück. Auf Wiederhören.

■ Guten Tag, mein Name ist Melanie Sommer, von der Firma Sauter & Co. Wir haben von Ihnen heute eine dritte Mahnung bekommen, mit einer Mahngebühr und Verzugszinsen. Ich wollte gern noch einmal kurz mit Ihnen über die Angelegenheit sprechen. Könnten Sie mich bitte heute noch zurückrufen. Unsere Nummer ist die 02671 897656, meine Durchwahl lautet 334. Danke. Wiederhören.

▶ 15 ■ Sauter & Co, Sie sprechen mit Melanie Sommer, guten Tag.

▲ Margarethe Zaun von Earthwind Recycling, guten Tag. Sie hatten heute Vormittag bei mir angerufen, aber da war ich in einer Besprechung.

■ Ja, genau. Also ... wir haben da von Ihnen heute eine dritte Mahnung bekommen ...

▲ Ja ...?

■ Ich wollte nur sagen, dass ich Ihnen das Geld heute noch überweise.

▲ Geben Sie mir bitte mal die Rechnungsnummer?

■ Ja, das ist die ... SA 93 S 0 14 30.

▲ Augenblick bitte ... 14 30 ... So ... vom 2.9., über 95.000 Euro?

■ Genau. Es tut mir leid, dass es so lange gedauert hat. Aber wir hatten große Personalprobleme in unserer Buchhaltung. Mein Vorgänger hat hier ein schreckliches Chaos hinterlassen, und ich musste mich erst einarbeiten. Aber heute geht die Überweisung auf jeden Fall raus.

▲ Dann ist ja alles in Ordnung. Darf ich Sie daran erinnern, die Mahngebühr und die Verzugszinsen nicht zu vergessen?

■ Über das wollt' ich gerade noch mit Ihnen reden, Frau Zaun. Ich meine, wir sind ein alter Kunde von Ihnen, und so etwas ist wirklich zum ersten Mal passiert. Ginge es nicht vielleicht auch ohne Mahngebühr und Verzugszinsen?

▲ Ich weiß, dass Ihr Unternehmen ein langjähriger Geschäftspartner von Earthwind ist. Aber die Mahngebühr von 100 Euro haben wir Ihnen bereits mit der ersten Mahnung vom 11.12. letzten Jahres in Rechnung gestellt und die Verzugszinsen von 0,5 Prozent mit der zweiten Mahnung vom 12.1. dieses Jahres. Hier handelt es sich ja schließlich bereits um eine dritte Mahnung. Ich sehe von daher leider keine andere Möglichkeit.

- ■ Das ist schade, aber wenn es gar nicht anders geht … Dann geht also die Überweisung über den ausstehenden Betrag inklusive Mahngebühr und Verzugszinsen noch heute an Sie raus.
- ▲ Alles klar. Dann mach ich hier einen Vermerk, dass der Betrag unterwegs ist … laut Frau … wie war bitte noch mal Ihr Name?
- ■ Sommer, Melanie Sommer.
- ▲ … Sommer. Gut, Frau Sommer. Dann ist die Sache damit, denk' ich, geklärt. Auf Wiederhören.
- ■ Wiederhören.

Lektion 13

▶ 16 ● Gans.
- ■ Guten Tag, Frau Gans, mein Name ist Augustin. Ich hätte gern Ihren Mann gesprochen.
- ● Meinen Mann. Ja, Moment, den muss ich erst holen, der ist draußen beim Vieh … warten S' doch einen Moment, bitte … Ach, da kommt er grad' rein. Gustav, für dich.
- ▲ Gans.
- ■ Guten Tag, Herr Gans, hier ist Augustin.
- ▲ Ah, Grüß Sie Gott, Herr Augustin.
- ■ Ich habe gerade Ihren Brief bekommen und …
- ▲ Ja? Mei … wissen S' … so ein Pech aber auch … das mit dem Unwetter …
- ■ Ja, ich hab's in der Zeitung gelesen.
- ▲ Die ganze Ernte … das ganze Getreide ist hin. Der Hagel hat alles kaputtgemacht. Ich sag Ihnen … so ein Pech aber auch. Und alles ist so gut dagestanden vorher. Wir haben ja heuer mit einer Rekordernte gerechnet … und jetzt so ein Unglück.
- ■ Ja … das kann ich schon verstehen …
- ▲ Und verkaufen tun mir da ja jetzt auch nix, des is' ja klar, wo alles hin ist …
- ■ Mhm … ja ja … und da liegt auch das Problem. In Ihrem Brief schreiben Sie, Sie hätten gern monatliche Teilzahlungen …
- ▲ Ja.

- ■ … also nicht den ganzen Betrag auf einmal …
- ▲ Ja.
- ■ Da wollen wir Ihnen auch gern entgegenkommen … aber immerhin geht es um fast 100.000 Euro. Da werden Sie verstehen, dass wir eine Vereinbarung treffen müssen.
- ▲ Mhm, ja.
- ■ Also ich kann Ihnen folgenden Vorschlag machen: Sie bezahlen in Raten immer am Anfang des Monats, und solange Sie in Raten zahlen, berechnen wir Ihnen 2 Prozent Zinsen auf den Restbetrag, das heißt … auf die Summe, die noch offen ist. Wenn Sie dann von Ihrer Versicherung das Geld haben, zahlen Sie den Rest komplett.
- ▲ Ja, wenn die Versicherung zahlt. Das weiß man ja vorher nie … die stellen sich da immer so an … und dann die Politiker …
- ■ Ja, also ich denke, die Politiker werden schon dafür sorgen, dass Sie eine Entschädigung bekommen, das ist doch da normalerweise immer üblich …
- ▲ Ja, mei … wissen S', die reden bloß immer …
- ■ Also, Herr Gans, sind Sie mit unserem Vorschlag einverstanden oder nicht? Wir sind da eigentlich sehr entgegenkommend Ihnen gegenüber … bei der Summe …
- ▲ Ja, ja … is' ja recht … dann machen wir das halt so.
- ■ Gut. Ich schick' Ihnen also eine Vereinbarung, die unterschreiben Sie und schicken sie mir dann bitte gleich zurück.
- ▲ Ja.
- ■ Sie haben das morgen oder übermorgen …
- ▲ Ja.
- ■ Also dann verbleiben wir so. Wenn es Fragen gibt, melden Sie sich einfach bei mir. Einverstanden?
- ▲ Ja.
- ■ Einen schönen Tag noch, Herr Gans, und … auf Wiederhören.
- ▲ Wiederhören.

Lektion 14

▶17 ▲ Wopper GmbH, Kaltofen, guten Tag.

■ Hallo Claudia, Sven Bogner aus Berlin am Apparat.

▲ Hallo Sven, wie geht's Ihnen?

■ Danke gut. Und Ihnen?

▲ Ziemlich viel Stress zurzeit, aber es geht schon. Wir haben ja schon lange nichts mehr gehört voneinander.

■ Ja, stimmt ... Bei uns ist auch ziemlich viel los im Moment ... Claudia, der Grund, warum ich anrufe ...

▲ ... bin ich.

■ Das ist natürlich der eine Grund. Es ist ... es gibt aber noch einen zweiten Grund. Wir planen da im Moment was Größeres in Magdeburg ... Tja, und das geht halt nicht ohne Partner. Wir wollen das mit einem Partner von dort durchziehen. Der kennt die Verhältnisse besser als wir, und zwar Peter Groß. Er hat mir gesagt, er bezieht seine Sachen auch von euch.

▲ Peter Groß, klar, den kenn' ich, ein alter Partner von uns. Aber was hat das mit mir zu tun?

■ Nun ... also bevor wir uns mit ihm zusammentun, würden wir ... wir hätten ganz gern ein paar Informationen über ihn. Wie er zahlt und so, ob er zuverlässig ist. So eine Kooperation ist schließlich Vertrauenssache. Und da dacht' ich, ich könnte vielleicht ... das heißt, Sie könnten mir vielleicht ein paar Auskünfte geben.

▲ Aber warum fragen Sie dann nicht bei der Inter-Kredit an? Die machen doch nichts anderes.

■ Haben wir natürlich schon gemacht. Aber ich hab' mir gedacht, ein paar Zusatzinformationen könnten nicht schaden ...

▲ Tja, Sven, konkrete Zahlen über Preise und so kann ich leider nicht weitergeben, das ist Geschäftsgeheimnis. Ich könnte höchstens ganz allgemein was über die Zahlungsmoral sagen.

■ Klar, aber das wär' ja auch schon was.

▲ Also, bei uns hat er immer pünktlich bezahlt. Und was ich sonst noch so weiß über ihn, ist, dass er ... ich glaub', er hat jetzt mittlerweile schon fünf Lokale. Er gilt als *der* Gastronom dort, absolut seriös. Also ich hätte da keine Bedenken ... Ist es wieder so ein Yuppie-Lokal, was Sie mit ihm da machen wollen?

■ Nein, nein, wir dachten da an was Bayerisches, mit eigener kleiner Brauerei, großem Biergarten und so.

▲ Dann kann ich ja vielleicht auch mit einigen Aufträgen von Ihnen rechnen ...

■ Klar, Claudia, wir vergessen Sie schon nicht. Vor allem jetzt, nach diesen wertvollen Informationen ...

▲ ... sind Sie mir ja auch noch was schuldig.

■ Natürlich. ... Okay, das wär's. Jedenfalls vielen Dank!

▲ Oh, bitte, bitte. Na dann, viel Glück in Magdeburg!

■ Danke. Bis bald.

▲ Ja, bis demnächst. Tschüs.

■ Tschüs.

Lektion 15

▶ 18 ■ Lüders & Baran, Laurel von Mahrzahn, guten Tag.

▲ Hallo, Herr von Mahrzahn, hier spricht Claudia Behrendt von Globus-Reisen.

■ Hallo Frau Behrendt, wie geht's?

▲ Danke gut, auch wenn es hier momentan ziemlich stressig zugeht. Herr von Mahrzahn, ich hab' Ihnen heute Morgen eine Mail geschrieben: Mir ist nämlich an unserem Gesprächstermin nächsten Donnerstag eine unerwartete Dienstreise dazwischengekommen, die sich leider nicht aufschieben lässt. Das heißt, ich muss leider absagen. Weil Sie nicht zurückgemailt und auch nicht angerufen haben, dacht' ich, ich meld' mich einfach mal kurz bei Ihnen.

■ Das war eine sehr gute Idee, denn unser Server wird gerade umgestellt – und das bedeutet: keine Mails heute.

▲ Oh je! – Ich schlage Ihnen vor, für nächste Woche einen neuen Termin auszumachen. Wie wäre es denn mit Dienstagvormittag um zehn? Mittwochnachmittag um zwei ginge auch bei mir.

■ Mhm. Nächste Woche sieht bei mir ganz schlecht aus.

▲ Und wenn wir den Termin nicht nach hinten verschieben, sondern einfach um einen Tag vorverlegen? Das heißt von Donnerstag auf diesen Mittwoch, also übermorgen?

■ Ja, das ist mir recht. Passt Ihnen halb zehn?

▲ Neun Uhr dreißig ... ja, das geht.

■ Prima! Dann erwarte ich Sie übermorgen um halb zehn bei uns in der Agentur.

▲ Alles klar. Bis Dienstag, Herr von Mahrzahn!

■ Bis Dienstag! Tschüs!

▲ Tschüs!

▶ 19 ■ Hotel Pazific, Sie sprechen mit Frau Feder, guten Tag.

▲ Guten Tag. Mein Name ist Livshina von der Firma Tecnova aus Russland.

■ Guten Tag. Wie kann ich Ihnen helfen?

▲ Ich möchte gern zwei Einzelzimmer mit Frühstück bei Ihnen reservieren. Und zwar vom 24.10. bis zum 27.10. Ist da bei Ihnen noch etwas frei?

■ Moment, da muss ich mal nachschauen ... ... vom 24.10. bis zum 27.10. ... da haben wir nur noch ein Einzelzimmer frei. Ich kann Ihnen da nur ein Einzelzimmer zu 220 Euro und ein Doppelzimmer anbieten.

▲ Hm. Kostet das denn mehr?

■ Das Doppelzimmer kostet 20 Euro mehr pro Nacht, wenn es nur von einer Person benutzt wird, also 240 Euro.

▲ Gut. Dann machen wir das.

■ Dann geben Sie mir doch bitte noch die Namen der Gäste und Ihre E-Mail-Adresse.

▲ Das sind Frau Boneva und Herr Rustamov von der Firma Tecnova. Meine Mail-Adresse ist a Punkt livshina, also l – i – v – s – h – i – n – a at tecnova, Tecnova mit „c", Punkt r – u für Russland.

■ Also: a Punkt livshina at tecnova Punkt ru.

▲ Ja.

■ Also ein Einzelzimmer für 220 und ein Doppelzimmer für 240 Euro inklusive Frühstück für drei Nächte vom 24.10. bis zum 27.10.

▲ Genau. Ich schicke Ihnen die Namen unserer Mitarbeiter und die genauen Daten noch einmal zu. Könnten Sie mir die Reservierung bitte auch bestätigen?

■ Natürlich, das mache ich gleich. Vielen Dank für Ihre Reservierung und auf Wiederhören.

▲ Auf Wiederhören.

▶ 20 ■ Das Blaue Haus, Kampe.

▲ Guten Tag. Anna Livshina aus Moskau.

■ Ach, Moskau! Das ist aber nett. Wie ist denn das Wetter bei Ihnen so weit im Osten?

▲ Also heute scheint die Sonne hier. Und wie ist es in Hamburg?

■ Typisches Schmuddelwetter, es regnet ein bisschen, wie so oft … aber der Sommer ist ja nicht mehr weit. Womit kann ich Ihnen denn weiterhelfen?

▲ Ja … ich würde gerne einen Tisch bei Ihnen reservieren. Ich weiß, dass Sie schon Monate im Voraus ausgebucht sind, deshalb rufe ich auch jetzt schon an …

■ Für wann wollen Sie denn reservieren? Dann seh' ich mal nach.

▲ Das wäre für den Juni, genauer gesagt für den 13. Juni um 19.30 Uhr. Da bräuchten wir einen Tisch für 6 Personen.

■ 13. Juni … halb acht … Moment bitte … also das tut mir leid. Da sind wir schon ausgebucht. Ich kann Ihnen da höchstens mittags um 12.30 Uhr noch einen Tisch anbieten …

▲ Nein, am Mittag geht es nicht. Wie ist es denn am nächsten Tag, dem 14. Juni? Ist da noch was frei?

■ Ja. Da hätten wir noch einen Tisch für 6 Personen, das ist ein Tisch in unserem Nebenraum.

▲ Im Nebenraum?

■ Ja, das ist ein relativ kleiner Raum mit vier Tischen. Man hat von dort aus einen sehr schönen Blick auf die Elbe – und im Juni ist es ja lange hell.

▲ Gut, dann reservieren Sie doch bitte den Tisch für 19.30 Uhr.

■ In Ordnung. Also am 14. Juni um 19.30 Uhr einen Tisch für 6 Personen. Die Firma war …?

▲ Tecnova, aus Moskau. Könnten Sie mir bitte eine Bestätigung der Reservierung schicken?

■ Gerne. Geben Sie mir doch bitte Ihre Mail-Adresse.

▲ Das ist a Punkt livshina, also l – i – v – s – h – i – n – a at tecnova, Tecnova mit „c", Punkt r – u für Russland.

■ Also: a Punkt livshina at tecnova Punkt ru. Gut, Frau Livshina. Dann herzlichen Dank, viele Grüße nach Moskau und tschüs.

▲ Vielen Dank und auf Wiederhören.

Lösungen

Lektion 1

B1 1 falsch, 2 richtig, 3 falsch, 4 richtig, 5 falsch

B2 1 Modeverband Deutschland, 2 Adressen von Modefirmen in Deutschland, Kontakt zu deutschen Modefirmen 3 b Repräsentant/Vertretung direkt vor Ort, 4 a sind vor Ort, 4 b kennen sich aus, 4 c haben die richtigen Kontakte, 5 bonato@erretre.com

B3 1 at, 2 Unterstrich, 3 minus, 4 Punkt, 5 Doppelpunkt, 6 Schrägstrich/Slash, 7 Backslash (umgekehrter Schrägstrich), 8 Anhang/Attachment

B4 2 liping Punkt xu at ship minus boat Punkt com, 3 a Punkt livshina at tecnova Punkt ru, 4 www Punkt hotel minus pazific minus hamburg Punkt de, 5 frei, 6 frei

Lektion 2

A1 1 ja, 2 nein, 3 ja, 4 ja, 5 ja, 6 nein, 7 nein, 8 ja, 9 ja/vielleicht, 10 ja

B1 1 richtig, 2 falsch, 3 falsch, 4 falsch, 5 richtig, 6 richtig

B2 1 EUR 14,00 + MwSt., 2 EUR 11,00 + MwSt., 3 EUR 8,00 + MwSt. 4 Paul Duboeuf S.A., 12 rue de ville, 21200 Beaune, FRANKREICH

B4 1 Was kann ich für Sie tun? 2 mein Name ist, 3 Guten Tag. 4 Abteilung, 5 Moment, 6 Entschuldigen Sie

B5 1 MwSt. und (selten) 4 Mw.-St.

Lektion 3

A1 1 formell, 2 formell, 3 weniger formell, 4 weniger formell, 5 formell, 6 weniger formell, 7 formell, 8 formell, 9 formell, 10 weniger formell

B1 2 hätte gern ... gesprochen, 3 Besprechung ... weiterhelfen, 4 es geht um

B2 1 F, 2 D, 3 B, 4 E, 5 A, 6 G, 7 C

B3 1: 0041, 2: 116805, 3: 34

B4 1: 0043 1 6114447, Durchwahl 12; 2: 0049 30 42768, Nebenstelle 33; 3: 56801330, Durchwahl 17; 4: 0033 1 45678301; 5: 81155065, Durchwahl 13

Lektion 4

B1 1 richtig, 2 richtig, 3 falsch, 4 richtig, 5 falsch, 6 richtig, 7 falsch, 8 richtig

B2 1 Sie begrüßen sich mit ihrem Namen. Frau Brummer fragt: „Wie geht es Ihnen?" Herr Stahl antwortet ehrlich: „Naja, es geht so." 2 Sie unterhalten sich über die Arbeit und ziemlich lange über den Urlaub von Frau Brummer, also über private Dinge. 3 Herr Stahl wünscht einen schönen Urlaub. Sie verwenden die lockere Grußformel „Tschüs".

B3 1 Quartalsende, 2 Vertretung, weiß ... Bescheid

B4 1 c, 2 d, 3 a, 4 e, 5 b

B5 1 a, 2 b

Lektion 5

A1 1 eher höflich, 2 eher unhöflich, 3 eher höflich, 4 eher unhöflich, 5 eher höflich,
6 eher höflich, 7 eher höflich, 8 eher unhöflich

B1 a 1 ja, 2 ja, 3 nein, 4 nein

B1 b nein

B1 c nein

B2 1 Speiseplan im Theatinum, 2 Liste mit Aktionspreisen, 3 günstig, 4 Fleischskandale
in der letzten Zeit, 5 einhundert Dosen Truthahnfleisch gratis und unverbindlich

B4 Hersteller – Sonderaktion – Großkunden – Konditionen – Aktionspreisen

B5 1 Das war uns sehr wichtig. 2 Sie gehen damit keine Verpflichtung ein.
3 Sind Sie noch am Apparat?

Lektion 6

A1 1 verstanden, wiederholen, 2 Wie, 3 Würden, 4 noch mal, 5 lauter, 6 richtig,
7 missverstanden, 8 kurz, 9 zusammenfassen, 10 genaue

B1 1 Mit Herrn Möllemann. 2 Mit dem Vertrieb. 3 Weil Herr Möllemann gerade telefoniert.
4 Bälle (Hand-/Basketbälle) und Fitness-Handschuhe. 5 10 76. 6 Schwarz-weiß-grau.
7 1077. 8 Schwarz-pink-violett. 9 150 Paar.

B2 kann Sie nur schlecht verstehen. Wen möchten Sie sprechen? / vom Vertrieb. /
Und wie war noch mal Ihr Name?

B3 Ja, ja – Na schön –schon gut

B4 Sie bleibt trotzdem freundlich.

Lektion 7

A1 1 erreiche, 2 erreichbar, ab/gegen, 4 zwischen, erreichen, 5 um ... herum,
6 gegen, an, klappt es, Bis

B1 1 richtig, 2 falsch, 3 falsch, 4 richtig, 5 richtig, 6 richtig, 7 falsch, 8 richtig

B2 1 „Hier ist zurzeit der Teufel los." 2 Die Banken. 3 Stornieren. 4 Weil beide Firmen
sehr häufig zusammenarbeiten. 6 Erfreut, erleichtert.

B3 ... in jedem Fall darum kümmern. – ... geschehen. – ... zu nervös werden!

Lektion 8

A1 1 d, 2 a, 3 e, 4 b, 5 i, 6 c, 7 h, 8 f, 9 g

B1 1 Hansen, Einkaufsabteilung. 2 1. Grund: die Klimaanlage extra berechnet. –
2. Grund: erst im Oktober liefern. 3 Reaktion auf Problem 1: Das ist alles nicht
so schlimm. – Auf Problem 2: Den Oktober müssen Sie uns aber garantieren.
4 Dass Ohlmüller im Oktober liefert und er sich selbst darum kümmert.

B3 1 Es geht um den Kaufpreis. 2 Es ist bei der Produktion zu Verzögerungen gekommen.
3 Soweit es jetzt abschätzbar ist, wird im August geliefert.

B4 1 klagen, 2 um, 3 unterlaufen, es, 4 abgemacht, 5 erstaunt, 6 mir, 7 peinlich,
8 Aufpreis, 9 zurzeit, wohl, 10 zusagen, 11 Gegenteil, Bescheid

Lektion 9

A1 1 nicht korrekt, 2 korrekt, 3 korrekt, 4 nicht korrekt, 5 korrekt, 6 korrekt

B1 1 falsch, 2 richtig, 3 falsch, 4 richtig, 5 richtig, 6 falsch, 7 falsch, 8 falsch

B2 1 Mit der Buchhaltung.

2 EA 23 34 56.

3 12 Strich 65 95 42.

4 Aventura hat die berechneten Handschuhe gar nicht bestellt.

5 Vom 20.11.

6 Nein.

7 Weil die Unterlagen über die Änderung der Bestellung zu spät in die Buchhaltung kamen.

8 In den nächsten Tagen.

B3 Wirklich? – Ja genau. – Aha – Mmh – Mmh mmh – Gut, dann verbleiben wir ... – Alles klar.

Lektion 10

A1 1 Mängel, 2 vereinbart, 3 bestehen, 4 auf Schadenersatz,

5 kommen ... entgegen

B1 1 In Frankfurt. 2 Weil er dringend auf eine Lieferung wartet. 3 Eine Notsituation. / Alles steht unter Wasser. / ... 4 Die Lager. 5 Höhere Gewalt. 6 Genaues könne sie noch nicht sagen. 7 Es ist für ihn sehr eilig. / Wegen der kurzen Frist. / ...

8 Durch ein günstigeres Preisangebot. 9 Sie meldet sich spätestens am Dienstag.

B2 1 b, 2 e, 3 a, 4 c, 5 d

Lektion 11

A1 1 d, 2 a, 3 e, 4 c, 5 b

B1 1 falsch, 2 falsch, 3 richtig, 4 richtig, 5 falsch, 6 richtig

B2 a Das ist ja wirklich ärgerlich. – Gut, dass Sie mich gleich angerufen haben. – Sie haben völlig recht. – Natürlich, das verstehe ich. – Gerade von uns müssen Sie erwarten können, dass alles klappt. – Der Fehler liegt bei uns, ganz klar. – Ich möchte mich persönlich bei Ihnen entschuldigen. – Ich werde mich sofort darum kümmern.

B2 b 1 Das ist ja wirklich ärgerlich. – Natürlich, das verstehe ich. 2 Gut, dass Sie mich gleich angerufen haben. 3 Sie haben völlig recht. – Der Fehler liegt bei uns, ganz klar. 4 Gerade von uns müssen Sie erwarten können, dass alles klappt. 5 Ich möchte mich persönlich bei Ihnen entschuldigen. 6 Ich werde mich sofort darum kümmern.

Lektion 12

A1 1 spricht, 2 Nachricht, 3 hinterlassen, 4 wegen, 5 Rückfrage, 6 nett, 7 zurückrufen

B1 1 Nachricht hinterlassen; 2 umgehend zurück; 3 dritte Mahnung, Mahngebühr, Verzugszinsen; 4 Durchwahl lautet

B2 1 in ... Besprechung; 2 hinterlassen, einarbeiten; 3 geht, ausstehenden, raus

B3 1 Personalprobleme, Vorgänger hat Chaos hinterlassen. –
2 dass sie das Geld noch heute überweist. –
3 dass Earthwind auf Mahngebühr und Verzugszinsen verzichtet. –
4 Sie lehnt den Vorschlag ab.

Lektion 13

A1 1 entgegenkommendere Formulierung, 2 dringlichere Formulierung, 3 dringlichere Formulierung, 4 entgegenkommendere Formulierung, 5 dringlichere Formulierung

A2 a 1 Wir haben ja Verständnis für Ihre Schwierigkeiten, 2 ergeben sich rechtliche Konsequenzen für Sie, 3 Der Termin ist absolut verbindlich, ... keinen Spielraum mehr, 4 Wenn es Fragen gibt, melden Sie sich bitte, 5 ... auf keinen Fall weitere Verzögerungen in Kauf nehmen

B1 1 falsch, 2 richtig, 3 richtig, 4 falsch, 5 falsch, 6 richtig

B2 Vorschlag – Raten – Zinsen – Restbetrag – Summe – offen – Versicherung – komplett

B3 verblieben – Entschädigung – Abschlagszahlungen – Zahlungsverzug – vereinbart – Vereinbarung

B4 1e, 2a, 3d, 4b, 5c

Lektion 14

B1 1 Aus Berlin; 2 Es handelt sich um ein größeres Projekt; 3 Weil Herr Groß von dort ist; 4 Er soll bei der Inter-Kredit / einer Kreditauskunft anfragen; 5 Über konkrete Zahlen / über Preise; 6 Das ist Geschäftsgeheimnis; 7 a Immer pünktlich, 7 b In den neuen Bundesländern, 7 c *Der* Gastronom, absolut seriös; 8 Was Bayerisches mit kleiner Brauerei und großem Biergarten; 9 Einige Aufträge als Gegenleistung

B2 Sie reden sich mit dem Vornamen und Sie an.
Sie machen Small Talk, sie sprechen etwas lockerer über ihre Arbeit.
Sie lachen und scherzen miteinander.
Sie verabschieden sich mit *Tschüss*.

B3 c

B4 1 Guten Tag, Herr Doktor Mayer. 2 Wiederhören, Frau Steininger.
3 Auch Ihnen noch einen schönen Tag, Tina. Tschüs. 4 Kann ich dich kurz stören, Tom?

Lektion 15

Termine

B1   1 richtig, 2 falsch, 3 falsch, 4 richtig, 5 falsch, 6 richtig

B2   1 unerwartete, dazwischengekommen, aufschieben, absagen, 2 auszumachen, wäre, es, ginge, bei, 3 sieht ... aus, 4 verschieben, um ... vorverlegen, von ... auf, 5 recht, Passt

B3   1 8.30/20.30

              2 0.30/12.30

Reservierung – Hotelzimmer

B1   1 ein Einzelzimmer mit Frühstück zu 220 Euro, ein Doppelzimmer mit Frühstück zu 240 Euro; 2 vom 24.10. bis zum 27.10.; 3 Firma Tecnova aus Russland; 4 a.livshina@tecnova.ru

B2   bestätigen wir unsere Reservierung eines Einzelzimmers mit Frühstück zum Preis von EUR 220,00 und eines Doppelzimmers mit Frühstück zum Preis von EUR 240,00 vom 24.10. bis zum 27.10.20... Unsere Mitarbeiter sind Frau Teresa Boneva und Herr Vanja Rustamov. Firma Tecnova, Dmitrovskoye Shosse 27, 127616 Moscow

              Mit freundlichen Grüßen

              Anna Livshina

Tischreservierung im Restaurant

B1   1 richtig, 2 falsch, 3 falsch, 4 richtig

B2   am 14. Juni um 19.30 ein Tisch für 6 Personen

Quellenverzeichnis